文明互鉴视域下

中西美学的比较研究

◎ 于俏 著

辽宁大学出版社
Liaoning University Press

图书在版编目（CIP）数据

文明互鉴视域下中西美学的比较研究/于俏著. —沈阳：辽宁大学出版社，2018.5
　　ISBN 978-7-5610-9186-9

Ⅰ.①文… Ⅱ.①于… Ⅲ.①美学—对比研究—中国、西方国家 Ⅳ.①B83

中国版本图书馆 CIP 数据核字（2018）第 085530 号

文明互鉴视域下中西美学的比较研究
WENMING HUJIAN SHIYU XIA ZHONGXI MEIXUE DE BIJIAO YANJIU

出 版 者：	辽宁大学出版社有限责任公司
	（地址：沈阳市皇姑区崇山中路66号　邮政编码：110036）
印 刷 者：	沈阳海世达印务有限公司
发 行 者：	辽宁大学出版社有限责任公司
幅面尺寸：	170mm×240mm
印　　张：	10.5
字　　数：	175 千字
出版时间：	2019年4月第1版
印刷时间：	2019年4月第1次印刷
责任编辑：	张　蕊
封面设计：	优盛文化
责任校对：	齐　悦

书　　号：	ISBN 978-7-5610-9186-9
定　　价：	37.00 元

联系电话：024-86864613
邮购热线：024-86830665
网　　址：http://press.lnu.edu.cn
电子邮件：lnupress@vip.163.com

引 言

关于文明交流互鉴，习近平有极为精辟的论述，他指出："文明交流互鉴，是推动人类文明进步和世界和平发展的重要动力""只有交流互鉴，一种文明才能充满生命力""中华文明是在中国大地上产生的文明，也是同其他文明不断交融互鉴而形成的文明"，因而他强调"对待不同文明，我们需要比天空更宽阔的胸怀……我们应该从不同文明中寻求智慧、汲取营养"。习近平指出："第一，文明是多彩的，人类文明因多样才有交流互鉴的价值。""第二，文明是平等的，人类文明因平等才有交流互鉴的前提。""第三，文明是包容的，人类文明因包容才有交流互鉴的动力。""文明因交流而多彩，文明因互鉴而丰富。"

在文明交流互鉴问题上，习近平批评了两种错误倾向：一是夜郎自大，轻视、贬低其他文明、文化，指出这种"傲慢和偏见是文明交流互鉴的最大障碍"；二是生搬硬套、削足适履，认为这"不仅是不可能的，而且是十分有害的"。他还强调了文明交流互鉴的内外两个方面，对外，人类社会创造的各种文明"我们都应该采取学习借鉴的态度"，积极吸纳其中的有益成分；对内，既要大力弘扬自身优秀的传统文化，又要扬弃传统文化中"陈旧过时或已成为糟粕性的东西""坚持有鉴别的对待、有扬弃的继承……努力实现传统文化的创造性转化、创新性发展，使之与现实文化相融相通"。这是文明交流互鉴中对待外来文明和自身文化传统的辩证态度。换言之，文明交流互鉴既要对外来文明、文化一分为二，有批判地加以借鉴和吸纳；又要对自己的传统文化一分为二，继承其优秀成果，摒弃其糟粕成分。站在文明交流互鉴的理论制高点上考察百年中国美学的形成和发展，就能获得更加辩证、全面的认识。

中华文明经历了五千多年历史变迁，但始终一脉相承，积淀着中华民族最深层次的智慧与追求，为中华民族生生不息、发展壮大提供了丰厚滋养，其中和而不同的天下观念是中华文明的基本思想，代表着中华民族独特的精神标识。历史证明，中华文明是人类文明的一个主要传承形态，也是同其他文明不断交融互鉴而形成的人类文明成果。文明交流互鉴是中国人天下观念的现实内涵。自古以来，人类的发明与创造往往会突破民族或国家的界限，能够在相互作用的交流过程中共同获得加速度的发展。

从世界文明发展的长河来看，19、20世纪中西方都处于社会和文化现代转型的巨大变动以及人类知识和思维方式巨大变革的趋势中，不过西方的转型早于中国。所以，在与西方学术的交流互鉴中，总体上中国向西方学习借鉴更多、更主动，这在学科分类和话语体系等的现代转型方面表现得尤为明显。现代西方自然科学和人文社会科学的新体制与中国传统学术全然不同。20世纪中国学术的现代化基本上是借鉴了西方先行的范本，其中，从西方引进现代学科体制和分类系统，包括诸多人文社会科学在内的一系列新学科的诞生，是现代中西方文化交流互鉴最重要的成果之一。

美学作为新学科的兴起，其实是18世纪以来世界范围内的学科系统重新分化、建构的结果，在1750年由德国理性派哲学家鲍姆加登创立。传统中国学术文化中虽然有源远流长、丰富深厚的美学思想，却没有形成现代学科形态的美学。在文明交流互鉴的视域下，中国现代美学的新传统是依托古代文化传统进行创造性现代转化的结果。它并非自今日始，而是从上个世纪初就启动了，实际上已进行了一个多世纪，至今还在继续。这个古代美学现代转化的过程是与借鉴西方美学密不可分的。中国学者进行中国古代美学的现代转化，主要靠借鉴西方美学的观念方法，包括概念术语等，用以选择和解决"中国的问题"，已成"不可避免"的趋势。还要指出的是，中国学者主动借鉴西方，并不是单向度地学习西方，而是同时与西方进行对话、博弈，进行互释、互动、互鉴，目的是对中国传统文化进行切实改造和创新转化，努力建构现代美学新学科。在交流互鉴中实现中西美学不同程度的创新融合，百年中国美学的现代建构离不开对西方美学的借鉴，但这种借鉴乃是一个首先"学西"、继而"化西"的创造性现代转化的过程，某种意义上也是中西互鉴的特殊形态，从而达到中西美学不同程度的创新融合。

中国现代美学主要奠基人之一的王国维，早在20世纪初，在译介叔本华悲观主义意志论哲学著述基础上，撰写了迥异于传统思想的《红楼梦评论》；借鉴康德美学"鉴赏判断的四个契机说"，首次提出"一切之美皆形式之美也"的重要主张，并建构起具有中国传统特质的"古雅"说；借鉴德国古典美学诸家，对中国古典美学尤其是先秦道家美学思想作了深刻反思，自觉把二者加以融会贯通，写出了《人间词话》这一中国现代美学的奠基之作，创建了以"境界"为核心范畴、意蕴丰厚的创新美学体系，对传统的"意境说"作出了具有现代性的创造性开拓。王国维之所以在融通中西上做出如此巨大的贡献，与他具有超越中西学术二元对立的现代视野有密切关系。

中国现代美学的主要奠基人蔡元培，在国内最早全面介绍了康德的美学思想，对康德关于审美四契机说，运用儒家思想作了"超脱""普遍""有则""必然"的创造性阐述；从儒家以德为本的思想出发，借鉴康德有关思想并加以吸收融化，同时借鉴席勒的美育理论，强调"涵养德行，则莫若提倡美育"，进而提出了中国现代美学史上具有里程碑意义的"美育代宗教"说。

梁启超前期以启蒙为宗旨，强调文艺改造人心的社会功能，提出了诗、文、小说的三界革命论，目的在"新民立人"或曰"移人"；后来借鉴西方哲学智、情、意三分理论，用儒家思想加以化用，提出以"情感教育""趣味教育"为中心、以文学艺术为主要内容和形式的"趣味主义"美学主张，在20世纪20年代产生了广泛影响。其中"趣味教育"一词乃是直接借鉴、改造了西方的提法。梁启超自己也认为："'趣味教育'这个名词并不是我所创造，近代欧美教育界早已通行了。"

其后，中国现代美学大师朱光潜着重考量"一是固有的传统究竟有几分可以沿袭，一是外来的影响究竟有几分可以接收"，进行自觉的中西比较和互鉴，达到了对西方美学有选择、有针对性的消化、吸收和融通。这种中国古代美学"化西"式地现代转化并非个例，在一个世纪以来一批学贯中西的大学者中具有相当的普遍性，他们都为中国美学的现代建构做出了重要贡献。尽管他们中有人提出"以西释中"的口号，表面上抬高了西学，但他们所做的理论探索和创新，实际上超越了"以西释中"，达到了中西互鉴互融的高度。

总之，以文明交流互鉴的视域回顾百年中国美学现代建构的历程可以发现，虽然这个时期我们的主动借鉴占主导，但实质上这是特定时代条件下中西文明互鉴的一种特殊形式。当前，随着我国改革开放的深入发展，包含美学在内的中国文化走向世界的步伐越来越快，中西互鉴的空间更为广阔。我们应该有文明交流互鉴的视域，立足当代中国美学发展的时代需要和现实语境，既大力弘扬自身优秀的传统文化，又学习借鉴包括西方文明在内的一切外来文明中的优秀成果。只有这样，才能在建构符合时代精神的新的美学话语体系方面迈上新台阶。

目 录

第一章　中国古典美学的优良传统　/　001

　　第一节　中国古典美学的精神特质　/　001
　　第二节　中国古典美学的艺术创作　/　024
　　第三节　中国古典美学的欣赏体验　/　033

第二章　近现代西方美学的先进成果　/　051

　　第一节　西方美学的科学精神　/　071
　　第二节　西方美学的艺术内核　/　074
　　第三节　西方美学的思辨传统　/　077

第三章　中西美学的融会贯通　/　084

　　第一节　中国美学主要体现主体心理要素的和谐　/　091
　　第二节　西方美学主要体现对象形式要素的和谐　/　094
　　第三节　中西美学体系的文化范式　/　100

第四章　中西美学的各有千秋　/　120

　　第一节　"美"的概念的比较　/　131
　　第二节　艺术的概念的比较　/　138
　　第三节　"美感"的概念的比较　/　144

结论　/　152

参考文献　/　156

第一章 中国古典美学的优良传统

中国古典美学是指中华民族从先秦时代到19世纪中叶近三千年的历史过程中所建构的传统美学思想体系，其中包括各个历史时期所出现的重要理论、学派及其传承、演变。无论外在形态，还是内在精神实质和历史发展，它都具有区别于西方美学思想体系的显著特点和规律，其内容丰富，风格独特，对人类美学思想的发展做出了卓越贡献。

中国古典美学萌芽于西周末期，奠基于春秋战国时代，发展于魏晋隋唐时期，终结于清代中晚期。其发展大致可以分为四个既相联系又相区别的历史阶段：先秦至两汉时期、魏晋至唐中叶时期、唐中叶至明中叶时期、明中叶至近代以前的时期。

第一节 中国古典美学的精神特质

尊崇自然文化精神：一种比较成熟而悠久的文化，总是有自己的哲学观念。尊崇自然是中国人的基本哲学观念，或者说是早期儒、道两家的基本哲学观念。《易经》可谓中华思想文化之源头，儒、道两家代表着中华文化的主干，而这两家都源于《易经》，乃"一源二流"。中国现代马克思主义学界将哲学分为两大完全对立的派别，非此即彼，要么是所谓唯物主义，要么是所谓唯心主义。主张物质为第一性、精神为第二性，世界的本原是物质，精神是物质的产物和反映的就是唯物主义；主张精神、意识或理念为第一性，物质为第二性，即物质依赖意识而存在，物质是意识的产物的是唯心主义。

尊崇自然的观念源于对大自然的认识。中华文化的早期哲学体现出的特征就是不研究世界的本原，或者说对物质世界具体构成不做具体探索，不追寻世界的根本来源，而只注重观察世界的外部形态，从总体上把握事物的全貌，通过对外部形态特征及其变化的观察，从而认识和分析事物的内部运动规律。也就是《周易·系辞上》："仰以观于天文，俯以察于地理，是故知幽明之故。"伏羲氏创造"八卦"正是用的这种"肉眼"观察法。伏羲氏观察的世界是物质世界，这个世界就是头上的蓝天，脚下的大地，还有蓝天与大地之间的风、云、雨、雪等自然现象以及人群和各种各样的动物与植物。这样说来，伏羲氏"八卦"的创造是有物质依据的，但与马克思主义的唯物主义不同，因为他不涉及世界的本原，只观照世界的表象。伏羲氏根据对复杂多样事物的认识，把握了天地、宇宙的本质存在形式和运动变化规律，并用高度抽象的极其简单的阴（– –）阳（—）两种基本符号来表现天地、宇宙的本质存在形式和运动变化规律，创立了"八卦"图形。周文王在伏羲氏的基础上，又创造了新的"八卦图"。后世学者将前者称为"先天八卦图"，将后者称为"后天八卦图"。无论"先天八卦"还是"后天八卦"，尽管排列有差异，但其基本哲学观念是一致的。

"八卦"符号组合排列揭示了宇宙间的基本规律，如阴与阳的组合，揭示了事物的对立统一规律。阴阳是中国古人创造的一对基本哲学概念。《易经》曰："一阴一阳谓之道。"阴与阳，既相互对立，又相互统一。阴阳并非各自分离，实际是"合二为一"，阴离不开阳，阳离不开阴，"孤阴不生""独阳不长"形象地说明了二者之间的关系。《素问·阴阳应象大论》云："阴阳者，天地之道也，万物之纲纪，变化之父母，生杀之本始，神明之府也……故积阳为天，积阴为地，阴静阳躁，阳生阴长，阳杀阴藏。阳化气，阴成形。"说明阴与阳的关系并非一成不变，是根据环境、时空的变化而变化的。

"八卦"还告诉人们，宇宙存在、变化的前提是平衡稳定。平衡稳定规律是宇宙及万事万物的一条根本定律。一事物如要存在，必须维持其平衡稳定，否则就会倾斜甚至倒塌。人体机能长时间失去平衡，则意味着生命的终结。"八卦"之间相互联系，相互为用，不仅有助于平衡稳定，而且揭示了事物的运动变化，循环无穷规律。从认识事物方法看，"八卦"特别注意从全局和整体看问题、思考问题，注重分析事物之间的相互联系、相互影响、相互为用，这与西方重视局部的"解剖"思维方法大不相同。

孔子将"八卦"里的平衡稳定规律发展为"中庸之道"。"中庸"强调事物之间的联系和平衡，是"八卦"图形揭示平衡规律的一种话语表示。"中庸"的基本哲学含义是指事物的平衡稳定。说到底，"八卦"体现的平衡稳定即大自然的平衡稳定。伏羲氏观察、认识事物的方法被黄帝等医学家继承，形成了独特的中医学理论，而这个理论诊断病人病情的基本方法便是靠"望、闻、问、切"。这四种诊断方法是非常典型的"表象"观察法，通过对表面的观察分析，判断人体内部的病变。由于中医学建立在自然世界的基础上，因而其药物应用也与西方不同，西药多人工合成，而中药大都取自自然界的植物、动物、矿物等物质。无论从人与自然的契合来看，还是从哲学和实践评判来看，中医学在理论上高于西医学。中华民族的哲学渊源尊崇自然，把人事活动与大自然紧紧结合起来，除了伏羲氏、周文王创造的"八卦图"外，还有后来的思想家创造了几个重要的哲学观念，将"八卦"蕴藏的道理加以发挥和阐明，其思维脉络都是对大自然的尊崇。

第一个是"三才"观念。"三才"指天、地、人。《易·说卦》："昔者圣人之作《易》也，将以顺性命之理。是以立天之道曰阴与阳，立地之道曰柔与刚，立人之道曰仁与义。兼三才而两之，故《易》六画而成卦；分阴分阳，迭用柔刚，故《易》六位而成章。"大意是说：从前圣人创作《周易》的时候，是要用它来顺合万物的性质和自然命运的变化规律。所以确立天的道理有"阴"和"阳"两方面，确立地的道理有"柔"和"刚"两方面，确立人的道理有"仁"和"义"两方面。（作《易》者）兼合（三画的八卦符号中）天地人的象征而每两卦相重，所以《周易》的卦体必须具备六画才形成一卦；六画又分阴位阳位，更迭运用柔爻刚爻来布居，所以《周易》的卦体必须具备六位才蔚成章理。

这实际上是把人与大自然紧密地联系在一起。将天、地、人结合起来，并将人放在中心地位，这就说明人的重要性。天有天之道，天之道在于"始万物"；地有地之道，地之道在于"生万物"。人不仅有人之道，而且人之道的作用在于"成万物"。天道曰阴阳，地道曰柔刚，人道曰仁义。天地人虽各有其道，但又是相互对应、相互联系的。这不仅是一种"同与应"的关系，而且是一种内在的生成关系和实现原则。天地之道是生成原则，人之道是实现原则，二者缺一不可。

第二个是"道法自然"观念。人们认识大自然、了解大自然之后，第二步是如何利用自然造福人类，对此，老子提出了"道法自然"的重要哲学观念。《道德经》第二十五章中说"人法地，地法天，天法道，道法自然"。"道法自然"即效法或遵循自然，最能表达"道"的一个词就是自然规律或自然法则，也可以说与自然规律或自然法则最相近的一个字就是"道"，这包括自然之道、社会之道、人为之道。董仲舒"天不变，道亦不变"（见《汉书·董仲舒传》）的观点依然是对大自然的尊崇，"天"就是自然界。任何事物都有一种天然的自然模式，谁顺应了这种自然模式就会与外界和谐相处，谁违背了这种自然模式就会同外界产生抵触。所以在这里蕴含了我们看待世界的基本的认识论和方法论。

第三个是"天人合一"观念。在继承易学、尊崇大自然的基础上，思想家们创造了"天人合一"观念。"天人合一"最早由庄子阐述，后被汉代思想家、阴阳家董仲舒发展为天人合一的哲学思想体系，并由此构建了中华传统文化的主体。

《庄子·达生》曰："天地者，万物之父母也。"董仲舒《春秋繁露·王道通三》篇曰："天，仁也。天覆育万物，既化而生之，有养而成之。事功无已，终而复始，凡举归之以奉人。察于天之意，无穷极之仁也。人之受命于天也，取仁于天而仁也。"很明显，两位哲人都把人与天结合在一起。大自然是人类的父母，因而人类一定要尊崇大自然；人类和大自然是不可分割的整体，人类是大自然的组成部分；人类如能尊崇大自然，顺应大自然，和大自然和睦相处，就算是天人合一了。标志着中国医学由经验医学上升为理论医学的新阶段的医学典籍《内经》主张"天人合一"，其具体表现为"天人相应"学说。《内经》反复强调人"与天地相应，与四时相副，人参天地"（《灵枢·刺节真邪》），"人与天地相参也"（《灵枢·岁露》《灵枢·经水》），"与天地如一"（《素问·脉要精微论》）。认为作为独立于人的精神意识之外的客观存在的"天"与作为具有精神意识主体的"人"有着统一的本原、属性、结构和规律。因此，《内经》的天人合一观是《黄帝内经》天道观的目的所在。

在西方的思想史中很难找到像中华民族这种具有非常鲜明系统且有无数思想家发扬光大的尊崇自然的哲学观念和理论。西方早期哲学探索世界的本原，如伊奥尼派的"水本原说""气本原说""火本原说"；毕达哥拉斯派的"灵魂观说""数本原说"等，都是集中探索宇宙是怎么来的。柏拉图是西方思想的集大成者，其主要精力在"分离说""四线段""理念"等概念上纠缠，离具体的自然物甚远。柏拉图尽管曾经在学校讲授自然科学，但只限于具体的知识，而没有观照整个自然界，更没有对整个自然界做抽象的思维总结。后来的亚里士多德亦是如此。这些古希腊的思想家更没有如伏羲氏、周文王的思想受到众多学者的承传并形成潮流，而是被后来诞生的基督宗教取代。取代不是机械的，而是相互有融合，但是，后来的数千年，基督宗教是西方思想的主流。在政治上，罗马教廷曾直接介入政治管理长达数百年时间。即使到了科技昌明的现代社会，西方人信仰宗教的人十分普遍。

尊崇大自然和信仰宗教之"神"是一对矛盾，而在中国，宗教这个"神"从未作为国家管理的"利器"。数千年来，中国人信仰宗教的是极少数。他们信仰什么呢？就是本民族中的圣贤与豪杰。诸如伯夷、叔齐、周公、介子推、屈原、曹娥、孔子、孟子、关公等。而对于一代一代的知识分子，孔孟等先贤就是他们心中的"神"。皇权时代中国"文庙"供奉的儒家先贤达到近200人，这是多么丰富的文化精神道德偶像。可见，中国人的信仰，其人文精神十分强烈，可视可感。

有人说，中国人也信仰"神"，的确如此，但是，中国人信仰的"神"与西方的"神"不可相提并论。西方的"神"是宇宙的诞生者、创造者，而中国人心里的"神"的本质依然是大自然这个物质世界。比如，中国人心中最大的"神"就是"天"，即所谓"天神"。董仲舒的"君权神授"里的"神"就是天。

中国人尊崇自然的哲学思想和文化精神闪烁着理性和真理的光芒，是伟大的，不朽的，值得千古继承、万代弘扬，并值得在世界范围内学习、传播、运用。其主张柔性文化精神：用中国阴阳哲学观念评判，"柔性"属于"阴"，在很多的场合下，"柔性"和"阴柔"都是同义语，因而会多使用"阴柔"这个概念（不过，其含义与"柔性"一致）。与"阴柔"相对应的是"阳刚"。一般来说，凡是剧烈运动着的、外向的、上升的、温热的、明亮的、兴奋的都属于阳；相对静止着的、内守的、下降的、寒冷的、晦暗的、沉默的都属于阴。以天地而言，天气轻清为阳，地气重浊为阴；以水火而言，水性寒而润下属阴，火性热而炎上属阳。阴阳在与上与下、天与地、动与静、升与降等情态对应中，上为阳，下为阴；天为阳，地为阴；动为阳，静为阴；升属阳，降属阴。

古人认为，柔性文化精神里蕴藏着强大的力量，不是那种具体的力量，也不是那种短兵相接的力量，亦不是单个的如英雄、武士般的力量，更不是物质、技术力量，而是"道""规律"的力量，是真理和正义的力量，是先进和优秀的道德人格力量，是一种无形的抽象的力量。所以孟子说："仁者无敌！"（《孟子·梁惠王上篇》）老子对柔性文化精神力量无限强大有深刻的认识，他的观点是"柔能克刚""天下之至柔，驰骋天下之至坚"。《道德经·第四十三章》："人之生也柔弱，其死也坚强。草木之生也柔脆，其死也枯槁。故坚强者死之徒，柔弱者生之徒。是以兵强则灭，木强则折。强大处下，柔弱处上。"《道德经·第七十六章》："上善若水。水善利万物而不争，处众人之所恶，故几于道。居善地；心善渊。"《道德经·第八章》："天下莫柔弱于水，而攻坚强者，莫之能胜，以其无以易之。弱之胜强，柔之胜刚，天下莫不知，莫能行。"《道德经·第七十八章》："勇于敢则杀，勇于不敢则活。此两者，或利或害。天之所恶，孰知其故？是以圣人犹难之。天之道，不争而善胜，不应而善应，不召而自来，繟然而善谋。"《道德经·第七十三章》："不争"便取得胜利，实在是绝顶高明！"含德之厚，比于赤子。毒虫不螫，猛兽不据，攫鸟不搏。骨弱筋柔而握固。未知牝牡之合而朘作，精之至也。终日号而不嗄，和之至也。知和曰'常'，知常曰'明'，益生曰祥，心使气曰强。物壮则老，谓之不道，不道早已。"出自《道德经·第五十五章》。

西方人对物质世界浓厚的兴趣早在希腊时代就开始了，产生了一批研究自然界的哲学家，柏拉图的哲学和中国的儒学一样，是积极"入世"学问，其"理念"的哲学概念里充满对"正义"的设计和规范，渲染着阳刚文化的氛围。人文主义是文艺复兴核心思想，是新兴资产阶级反封建的社会思潮，也是资产阶级人道主义的最初形式。它肯定人性和人的价值，要求享受人世的欢乐，要求人的个性解放和自由平等，推崇人的感性经验和理性思维。毫无疑问，人文主义是一种阳刚文化的思潮。对西方阳刚精神影响最大的莫过于《圣经旧约》，《圣经》中的"新、旧二约"展现的文化精神截然不同，《圣经新约》具有宗教的品质，劝善行良，而《圣经旧约》却用很多很大的场面宣扬暴力。中国文化宣扬"以德报怨"，而《圣经旧约》宣扬的是燃烧熊熊复仇（或征服）的火焰，而且其复仇（或征服）带有毁灭性、灭绝性。

从生存原则看，柔性文化精神立意高深，取法大自然，不争强好胜，不称王称霸，平静，平和，安详，静穆，内守，谦虚，谨慎，有益于保护生命的安全，所以中国成为文明古国，礼仪之邦。中华民族生生不息，历经无数大劫而民族不亡，与柔性文化精神关系极大。

从哲学观念看，柔性文化精神并非放弃力量，而是将力量蕴涵在无形的世界里，这种力量是缓慢的，却很柔韧，可以收到"水滴石穿""绳锯木断"的效果；这种力量是博大的，如江河之澎湃，如海洋之宽广。试想，在茫茫无际的大海面前，雄劲的高山又算什么呢？

从发展智慧看，柔性文化精神从长远、全局、大处着眼，不争一时之胜，不逞一时之能，是看不见的大包围战略，局部的一切活动都要以不损害长远战略为前提。在这个过程中，往往使用文明的手段而非战争的手段化解矛盾。数千年来，中华文化缓慢向四周浸润，正是柔性文化文明博大精深的体现。

从人类社会秩序的建立看，柔性文化精神有益于人与人之间的情感联系。"随风潜入夜，润物细无声"，柔性文化精神的温情、温婉、含蓄正是具有这样的魅力。如果未来世界呼唤和平、和谐社会，避免战乱，构建平安群体社会秩序，大力传播中华民族创造的柔性文化精神应是最佳的方法。

一、中国古典美学之和谐精神

中国古典美学讲究和谐，和谐不是同一重复，而是众多因素对立的统一，可高度概括为阴阳统一、刚柔统一。这种统一不强调部分与部分或部分与整体之间的统一，而强调你中有我、我中有你的交感统一。这种和谐由于做到恰到好处，所以又称之为"中和"。中华民族十分重视天人合一之美，孔子观东流之水，喟然长叹"逝者如斯夫，不舍昼夜"。

儒家和谐概念划分成六个层次，即太和、中和、人和、义和、协和、共和。在儒家看来，整个宇宙的"和"称为"太和"；宇宙中事物本性的"和"为"中和"；以中和为基础，人心平气和称为"人和"；讲道义，注重公共利益的分配为"义和"；在协调义和的过程中，国家达到和谐为"协和"；整个大同世界的和谐为"共和"。因此，和谐是多维的，涉及人与自然中的很多种关系，实现它需要很多方面的关心、参与和担负责任。

儒家文化中的"仁爱"思想和"大同"和谐社会的理想，一直是中国古典美学的主调。孔子提出"天下归仁"的思想,指出"仁"的主要含义是"爱人"(《论语·颜渊》),而实现"仁"的一个重要方面是"泛爱众"(《论语·学而》)。此外,儒家的"和为贵"(《论语·学而》)与"致中和"(《礼记·中庸》)思想,形成了杜甫以儒学为框架的"民为邦本"(《尚书·五子之歌》)的安定和谐的社会理念。《礼记·礼运》中所提出的"天下为公"及"老有所终,壮有所用,幼有所长,矜寡孤独废疾者皆有所养,男有分,女有归"的大同社会理想,也是当今和谐社会的理想世界。除了儒家的思想资源以外,道家文化的"万物与我为一"(《庄子·齐物论》)、"顺物自然"(《庄子·应帝王》)的人与自然和谐相处的思想、释家文化中"众生平等"(《大般若经》卷三五)"普度众生"(《普曜经》卷三)的慈悲思想及墨家文化中"兼爱""非攻"(见《墨子》中《兼爱》《非攻》篇)的和平理念等,也从不同的思想层面为和谐美学精神提供了精神滋养。

在中国的古代审美思想中,"和"作为一种美学观念很早就被运用在仪式中。中国传统美学中"和"的观念历经了最早的"神人以和"再到现代辩证的统一的和谐等一系列的发展演变,已经逐渐形成了一套完整的美学理论体系。"和"的思想是古典中国哲学中在探究人与自然、人与人的关系中总结出来的法则。早在《尚书》中就有"律和声""八音克谐,无相夺伦"等以和为美的美学思想。《乐记》中有"声音之道,与政通矣"。先秦时期和为美的观念大多是从心理、生理、社会、人文等方面来总结研究的。孔子很早就认识到要把"和"的思想与社会的礼制和人民的教化联系起来,主张"礼之用,和为贵;先王之道,斯为美"。春秋史伯和晏子进一步严格区分了"同"与"和"两个概念,即"同"是单纯的统一,"和"是杂多的统一。

中国古代美学的许多概念的提出是基于"一分为三,三生无限"的中国古代哲学观。这种"一分为三,三生无限"的哲学观不同于西方的一分为二的哲学观。西方一分为二的哲学观强调矛盾两极的对立、斗争和转化,这种一分为二的哲学观认为对立、斗争是主要的、绝对的,事物的发展就是矛盾的两极对立、斗争的结果。因此,矛盾的两极的和谐是暂时的、相对的。"一分为三,三生无限"的哲学观认为,世间万物由阴、阳、中和三种形态组合,但它强调的是守住中庸,扬弃两极,与西方一分为二的哲学观相反,它认为矛盾的两极是片面的、暂时的,只有"中庸""中和"才是真实的、理性的、永恒的、长久的。比如,在自然与人类的关系问题上,中国历史上有"天人相分"与"天人合一",但"天人合一"是主要的、基本的,是天人合一扬弃天人相分、天人相斗。与西方一分为二的哲学观不同,中国一分为三的哲学观从不认为是对立两极推动万事万物的发展,它认为是"中和"这种第三种形态产生、孕育万物,正所谓"一生二、二生三、三生无限"。

在这种"一分为三,三生无限"的哲学观指导下,中国美学一直紧守和沿用"中和"美学原则,无论是精神与物质的关系,人类与自然的关系,人伦规范准则的确立,以及艺术自身的虚与实、形式与内容,始终按照这种"过犹不及"的中和原则予以塑造。

由于受"中和"的哲学观的影响,中国美学的概念更多的是功能性的,而不是特质性的,而西方一直在思索寻找各门艺术自身的特质,如绘画、雕塑、音乐等各个艺术门类均有较明晰的界限,而中国却从未寻找这种特质,各门艺术都是相关联存在的,如诗歌的韵律美的讲究,使中国诗歌与音乐一直相连;中国古代的文人画提倡画中有诗,诗中有画;中国国画线条艺术与书法艺术直接相关;诗也与舞蹈、戏剧、雕塑、建筑等相关联,同样,这些艺术门类也与自身以外的其他艺术门类紧密相连。

中华民族强调和睦、和谐、和平;以人为本、仁者爱人、宽容厚道,怀有天下观念和博大精神,今天,中国人仍秉承"君子以天下为己任"这一传统,始终坚持和平外交,并追求共享文明成果的梦想。

对传统美学来说,其审美的个人生命往往呈现为一种性、情、心、气等错综交涉、和谐圆融的生命统一体。其中,性是生命的本质性规定,情是生命的动态展开,心是生命的统摄关键,气是生命的运转质能。虽然儒释道美学对生命本身性、情、心、气等要素的理解有着不同的思路,但主旨上都与西方文化对人性的知、情、意三分结构不同,而是把生命视为一种性情相融、身心互涉、流贯一体的有机整体状态。中国美学对生命自身诗意性灵的求索,呈现了个体生命"真情畅遂,一片天机"的独特品格,给生命的自由舒展、俯仰自得带来了本真性的心灵空间。

中国传统美学的生命精神依然有着可贵的时代价值。在传统美学打开的世界自得之场中,人与人、人与社会、人与自然都处于一种"美美与共"的和谐、平衡关系中。"民吾同胞,物吾与也",这种个人生命与社会自然的和谐一体,何尝不是古人、今人相同的审美理想?同样,传统美学所创构的心物一体审美意象世界及由之佐证的生命审美之境，既呈现了审美与艺术的生命情怀，又给人提供了一种身心安顿的精神家园。

和谐，如春风拂面，使人倍感亲切；和谐，如久旱甘霖，使人心田滋润。

一个美好和谐的社会，是人类梦寐的追求。从刀耕火种的蛮荒时代，到数码航天的信息文明，几千年来，人类为之不懈努力、孜孜以求。

若人与自然的和谐与否决定着人类能否生存，那么人与社会的和谐与否则会决定人类能否更好地生存。因为人是社会的载体，所以人与社会的和谐也可以理解为人与人的和谐。孔子曰："礼之用，和为贵，先王之道，斯为美。小大由之。有所不行，知和而和，不以礼节之，亦不可行也。"深层次理解"礼"，应该是"秩序、原则、法度"。有了秩序，社会才会井井有条；有了原则，社会才会一往无前；有了法度，社会之间才会存在真正意义上的自由。人与人的和谐何尝不是建立在上述基础之上的呢？可以说，有了礼，人们才会"安其居，乐其业，亲自然，敬人事"。当然，礼的目的在于和谐，但为了和谐，一味地"和睦、迁就"，反而会背道而驰，所以"知和而和，不以礼节之，亦不可行也"。

当人类与外在世界搞好关系后，自己心灵的问题就变得尤为重要，这就是"人内心的和谐"的问题。人内心的和谐是可遇不可求的，它需要的是生活的磨炼与岁月带来的经验。或许唯一的锻炼方法也就是勤"思考"与"总结"了。孔子曰："吾十有五而志于学，三十而立，四十而不惑，五十而知天命，六十而耳顺，七十而从心所欲，不逾矩。"人内心的和谐是一个磨炼的过程，从"志于学"的求知欲的建立，到"而立"的自信心的建立；从"不惑"之年的心灵定力的产生，再到"耳顺"时的"海纳百川，有容乃大"；最后深化，继而升华，飞越到人生、心灵的最高境界——"从心所欲，不逾矩"，达到超然境界，让尘世间的善与美、罪与恶，都在如海般的心境中交汇、融化、沉淀，换来一幅"采菊东篱下，悠然见南山"的和谐场景。

有了人与自然的和谐，人类才能生存，才有时间去面对社会；有了人与社会的和谐，人类才能更好地生存，才能有时间静下心来，面对自己的心灵，力求自己内心的和谐。如果把自然比作广阔无垠的天空，社会比作孕育繁荣的大地，那么我们的心灵就是世间万物，只有"天地物"合一，世界才会和谐，才会充满阳光。

二、中国古典美学之自由精神

在古人眼中，外在的世界本就是自然独化、天理流行、鸢飞鱼跃而充满生意的，只有那些只关注于眼前利益的人，才会在向外界无止境地索取与肆掠，与世间的风景擦肩而过。有了闲赏之情，有了洞见之眼，有了善感之心，世界自能映发出"千岩竞秀，万壑争流。草木葱笼其上，若云兴霞蔚"的生生之美。对儒家而言，有了一颗主一无适的真实无妄之心，则"日用之间，莫非天理，在在处处，莫非可乐"；对道家而言，有了一颗虚静的自然之心，则"天地有大美而不言，四时有明法而不议，万物有成理而不说"；对于禅家而言，有了一颗明心见性的本心，则"忽遇风吹云散，上下俱明，万象皆现"。无论儒释道的世界观有着怎样的不同，在个人生命的澄怀与谦敬里，世界都剔除了其机械与物质的冰冷而显示出宜人的温暖风景。中国美学对这道亮丽风景的发现，给生命所处的"人间世"打开了一个"逍遥"的自得之场。

一方面，古典美学打破了人与外在世界的主客分际，把人与万物的产生根源于宇宙天道之中，并通过自身的生命感悟和生命实践最终回归天道，从而与天道一体任化，共存共在；另一方面，古典美学没有对人性结构进行认知、情感和意志的严格区分，而是把生命整体流贯一体。这种美学既不是去追求审美和艺术方面的知识，也不是去满足感性欲望的宣泄，它关注的是生命如何获得理想的存在方式问题。审美的意象感召、玄化内在的生命，让人从日常生活中抽身而出，在生命创构的独特新境里，使得自我的生命与宇宙生命一体共在，感受着生命的本真姿态，这才是中国古典美学作为生命之学的意义所在。

庄子是备受后世文人喜爱和推崇的一位思想家，林希逸《南华真经口义·发题》云："盖庄子之书，非特言理微妙，而其文独精绝，所以度越诸子。"孔孟固然令人敬仰，奠定了一种阳刚、进取、以"内圣"开"外王"的人生道路，但这是一条"英雄主义"的路，它对大多数古代文人而言颇需伟力而尚显艰难（虽然不排除它可以成为人们精神建构的指南）。同时，孔孟思想主要针对"治世"而言，对于"乱世"他们少有言说，所以孔子提出"危邦不入，乱邦不居"（《论语·泰伯》）；而庄子（老子也如此）似乎是专门针对"乱世"来开药方的，因为从其逻辑来说，庄子认为人为的文明社会本身就是有待救治和超离的"乱世"。墨、法、名诸家或因其思想立场的偏狭，或因其特殊的致思之路，而未能赢得后代人的青睐。

就是同属道家的老子，其思想魅力也无法与庄子相比。第一，老子是冷静的、抽象的、思辨的，其文本有玄奥的哲学底蕴；庄子是活泼的、灵动的，其文本有浪漫的诗学风姿，想象力如同天外来客，奇伟瑰丽，四合纵横，因为这个原因，李泽厚才说"庄子的哲学是美学"。第二，《老子》兼论形而上的"天道"（"道德经"之"道"部分）与形而下的"人道"（"道德经"之"德"部分）。他虽有反文明、反知识的一面，但反社会的立场并不明显，他强调以"无为"这一独特的方式来"入世"，所以"无为"成为一种世故的社会化的"人道"，成为一种明显的权术思想，向外发展，可成为一种帝王之术。《庄子》是反社会的，撇开玄奥的天道不谈，只谈天道与人"心"的融合，即主要考虑个体如何凭心力融合于自然之道，所以庄子致力于个人主体精神的建构，由此导出远离世俗社会的路子。庄子美学是主体的美学和心灵的美学，诚如陈鼓应所讲："老子的'道'，本体论与宇宙论的意味较重，而庄子将它转化为心灵的境界。老子特别强调'道'的'反'的规律以及'道'的无为、不争、柔弱、处后、谦下等特性，庄子则全然扬弃这些概念而求精神境界的超升。"庄子这种主体美学和心灵美学，最终开辟的是自如放达的精神境界、人生境界和艺术境界，这就是庄子赢得后人追慕的最大原因所在，也是他超越于先秦诸子的地方。因此，《庄子》这本著作"在中国两千多年的历史上，至少在士人阶层，它的影响不在《论语》之下"。

庄子的主体美学和心灵美学，用现在的语言来概括，主要体现在自然、平等、自由这三个关键词上，这三个词转换为庄子的原话，分别近似于"以天为宗""齐物""逍遥游"，这三个方面构成庄子美学基本精神的主要内涵。

（一）自然

谈庄子的"自然"，首先要谈"道"，因为庄子从老子而来，也承认"道法自然"。"道法自然"并不是说"自然"凌驾于"道"之上，而是一方面说"道"之"体"在自然之中，"道"虽是"无"，但"无"中生"有"，"自然"这个"有"因此成为"道"的体现；另一方面说"道"之"用"亦在自然，即在于任其自然，自然而然。在《老子》中，"道"共计出现73次，是老子思想中最根本的和最高的范畴。"道"既是万事万物诞生的本原，又是万事万物发展的规律,即是说道家的"道"具有宇宙论和存在论的形而上学含义,指"形上实体及其普遍且客观的规律"。庄子也多次谈到"道",如《庄子·大宗师》(以下引述《庄子》的话只注篇名)云:"夫道有情有信,无为无形;可传而不可受,可得而不可见;自本自根,未有天地,自古以固存。"此种认识与老子并无二致,说明的是"道"的源始及"道"之本体的幽渺无垠。但是对于"道"与"自然",如果说老子重点放在"道"上,庄子则重点谈的是"自然"("自然"在《庄子》文本中常常被叫作"天")。当然,谈"自然"或"天"仍然是在谈"道",因为在庄子的世界里,自然的规律就是道的规律,自然的立场就是合乎道的立场。

"自然"是概括庄子美学的第一个关键词。庄子美学思想中的自然主要有两个意思:一是指客观存在的本真的自然界,即庄子的"天"本身;二是指运动、行为和主观心态方面的合乎自然、像自然一样,以自然为宗,与自然为友,做到自然而然,随性适意,即《天下》篇的"以天为宗"、《大宗师》里的"与天为徒"或《山木》里的"人与天一"。

庄子指出,自然是真的终极、美的终极,即《知北游》说的"天地有大美而不言",《至乐》说的"至乐无乐,至誉无誉"。自然虽朴拙却至真,即自然的状态一方面是"大巧若拙"(《胠箧》),另一方面是"精诚之至"(《渔父》),所以自然是人可以依傍、可以效仿的根本。由此,庄子在《渔父》中提出了影响深远的行为原则和审美原则——"法天贵真"。所谓"法天贵真"者,即以自然为师,保持朴真的形态和心态。

因此,自然是人的肉体的家园,正如《大宗师》所云"夫大块载我以形,劳我以生,佚我以老,息我以死"。人之肉体、生命、子孙后代乃"天地之委形""天地之委和""天地之委顺"或"天地之委蜕"(《知北游》)的结果。《列御寇》中也写道"庄子将死,弟子欲厚葬之。庄子曰:'吾以天地为棺椁,以日月为连璧,星辰为珠玑,万物为赍送。吾葬具岂不备邪?何以如此!'"不仅如此,自然更应该是人的精神的最后家园。庄子《至乐》篇写了一个寓言,叫"鼓盆而歌",讲庄子的妻子死了,他却敲着盆子,全无悲伤。好友惠施很气愤,庄子解释说,人来于自然,最后归于自然,"偃然寝于巨室",人死不过是结束在社会上短暂的流浪,而回到宁静的自然这一永恒的家。心若没有一个"家",到哪里都是在漂泊,而为人类心灵找到一条回家的路,这就是庄子美学的精髓和魅力。自然之所以是人最终的家园，是因为自然无偏私，"天无私覆，地无私载"（《大宗师》），乃是一个宽广博大、予人恣意遨游的空间，正如《应帝王》云："予方将与造物者为人，厌，则又乘夫莽眇之鸟，以出六极之外，而游无何有之乡，以处圹埌之野。"以朴真的天地自然为心灵的最终归宿，表明自然是庄子美学中本体论意义上的最高范畴，因而人在存在论意义的层面，就应该心系自然、以自然为宗、顺万物之自然本性，此即庄子在《则阳》篇所讲的"与天为师"或《山木》篇所讲的"正而待之"的意思。简言之，顺其自然是庄子美学的一条重要的存在论原则。《大宗师》中的"与物有宜"，《逍遥游》中的"乘天地之正"，也都包含有人本身和他者皆应顺其自然的意思。郭象在解释"乘天地之正"时指出："天地者，万物之总名也。天地以万物为体，而万物以自然为正。自然者，不为而自然者也……故乘天地之正者，即是顺万物之性也。"

庄子美学思想的深刻之处在于不仅人这个主体应该顺其自然，一切的客体、一切的他者也应该任其自然。庄子不会提出"主体自觉"这样现代性的概念，但以上思想却实际包含了双重的主体自觉，一是对于人自身的精神自觉，二是对于他者的精神自觉。他者能否顺其自然，是建立于人这个主体有无自觉意识的基础之上。有意识地让他者自然而然，就是保持他者之"自性"或顺万物之性，不强求，不委曲。人类爱护万物的最好做法就是让万物成为万物自身，这是对万物最大的爱，也是自然界和谐发展的原理和前提，因而最终也是对人自己最大的爱。《人间世》云："虎之与人异类，而媚养己者，顺也。故其杀者，逆也。"《秋水》亦云："牛马四足，是谓天；落马首，穿牛鼻，是谓人。"庄子在提醒人们对待万物，皆应"循其本"，即依循万物之"自性"，依循天地自然之原理，而千万不可"以人灭天"。

庄子反对人为、拒斥"人道"。《在宥》云："何谓道？有天道，有人道。无为而尊者，天道也；有为而累者，人道也。"主者，天道也；臣者，人道也。天道之与人道也，相去远矣，不可不察也。所谓"天道"即自然之道或合乎自然之道。天道无为，是人人可以效仿的；人道有为，其中名缰利锁束缚人、牵累人。

"顺其自然"其实就是"少欲""素朴"，即《马蹄》所云"同乎无欲，是谓素朴。"《应帝王》亦云："汝游心于淡，合气于漠，顺物自然而无容私焉，而天下治矣。"素朴、少欲的实践原则可以称为"无为"，即《箧》所云"恬淡无为"。人类的"无为"有利于人自身天性的发展，《在宥》讲"无为也，而后安其性命之情"，《刻意》讲"纯粹而不杂，静一而不变，淡而无为，动而以天行，此养神之道也"，都说明这个道理。人类的"无为"也有利于天下万物的存在，《天地》篇的"无欲而天下足，无为而万物化"表明了人类不妄为、不贪念，则万物可以独立自足、自我运化。

总之，庄子提倡恬淡无为的自然观，最大的特点在于反对虚伪，突出本真。除掉人为和矫饰，除掉欺诈和做作，让天地万物本真地存在，让人本真地存在，让艺术本真地存在，这样的天地、人、艺术才是最美的，才是最可爱的。

（二）平等

庄子美学的内在逻辑非常严谨，秉承天地万物任其自然和人类自身自然无为的态度，则必然推出万物平等的结论，或者说，因为天地万物是平等的存在，所以它们才可能本真地自然而然地存在。庄子的这种平等观，思想史上少有提及，它在环境污染日趋严重的今天，已成为庄子美学中极富当代意义的见解之一。现在人们经常提到"宇宙伦理""自然伦理""生态伦理"等词，其实质就是在提醒世人去掉狭隘的自私的人类中心主义，则可发现地球上的一切、宇宙中的一切都是平等的存在者。只有其是平等的存在，一切才能合乎自然地发展，才能和谐地共存，而对于人类自身而言，也才能有长久存在的可能。

无欲才能心正，无私才能目明，无欲无私才能知晓万物有其"自性"，有其独立、平等存在的权利，庄子力主无欲、无私、无为等观点，并把它们容纳在自己的自然观当中，所以庄子的自然观本身包含了万物平等的意思。比如，"庄周化蝶"等寓言彰显出来的"物化"思想，其逻辑前提和心理前提是万物的平等。"物化"或"化"在《庄子》中多处出现，其意思大多指人与自然的融合。庄子告诉我们，因为平等，才可能有人我的同一，才可能心物融合，否则就只有专制、欺凌、占有和孤立等。《庚桑楚》云："至礼不人，至义不物。""不人"即无人我之分，"不物"即无物我之分。无人我之分，无物我之分，对万物平等待之，是最高的"礼"，也是最大的"义"。

《庄子》平等思想表露最明显的篇章是《齐物论》，最有名的一句话是"天地与我并生，而万物与我为一"，"并生""为一"都寓有"平等"的意思。《齐物论》中还有一段话："毛嫱丽姬，人之所美也；鱼见之深入，鸟见之高飞，麋鹿见之决骤，四者孰知天下之正色哉？"这段话历来颇遭批判，被认为是庄子坚持相对主义的证据。针对人们的偏见，美国学者爱莲心提出了自己的质疑："《庄子》一书绝对不是一个相对主义的演练"，相对主义只不过是"特别用来打破其他观点的一种策略"。将庄子归属于相对主义阵营，其实是阅读者所持立场导致的偏见。什么立场？人类中心主义的立场。有了此立场，我们便会觉得庄子是在信口雌黄，是在取消美的固定标准。但庄子这里主要是在做一种价值判断，即是对万物之"自性"的确定。他是在用心良苦地揭示自然的秘密，即万物平等和万物皆有自性，这是庄子站在宇宙伦理的高度而发现的真理。

方东美指出："庄子在《齐物论》里要把真正的自由精神变成广大性的平等，普遍的精神平等……所以庄子继承老子的精神，第一步讲精神平等就是要'丧我'，也就是要丧小我，忘小我，而成就大我。"方东美的评价是非常准确的，指明了庄子从根本上脱离了狭隘的个人立场和人类立场，飞跃到众人难及的"大我"的高度。万物之所以平等，在于它们在"道"的高度是同一的。这就是《齐物论》所说的："莛与楹，厉与西施，恢诡怪，道通为一。"《秋水》篇说："以道观之，物无贵贱。"《大宗师》指出："其好之也一，其弗好之也一。其一也一，其不一也一。其一与天为徒，其不一与人为徒。"即是说，站在天道的高度，一切是同一的，而站在人间的社会的立场，一切才不正常地显出了差等。过去有很多人认为庄子以上的这些话是在混淆是非、抹除界限，却不知庄子所坚持的平等的精义。因为人类的"小智"、社会的分工以及越来越多的制度，人与物之间、人与人之间才慢慢有了区分，而在天道公正无私、清明透亮的眼里，物我、生死、是非之间真的泾渭分明吗？《徐无鬼》云："知大一，知大阴，知大目，知大均，知大方，知大信，知大定，至矣。"庄子这句话中种种的"大"都是相对于人类的"小"而言的，是指要超越人类的小视野、小胸怀，站在宇宙天地的至高境界，才知有同一、至静、大目、平等、无限、大信、大定等。《秋水》亦云："万物一齐，孰短孰长？"这里清楚地说明，从"道"的高度，万物是同一的，因而是平等的。《马蹄》也说："夫至德之世，同与禽兽居，族与万物并。"这是说，在历史的开端，在历史的理想未来，万物都是平等的。

简单总结庄子的平等思想，可以说，它既是庄子的世界观，也是庄子的价值论。从"道"出发，也就是从本真的世界出发，他视万物为一体，告诉我们要爱护他者、重视他者，因为世界自身的存在，必需万物平等和谐地共存。当平等转为歧视，则必有一方对另一方的占有、剥夺，甚至消灭，而如此一来，意料之外的恶果是占有、剥夺的一方最后也将自己消灭。任何生命物种是不能独立地存在于地球上的，一个生命物种的消灭恰恰是对别的相关的生命物种的报复。

（三）自由

庄子的自由观尤其是他对精神自由的强调，是其思想中最令人神往的地方，也是《庄子》文本描述得最为充分的部分。如果我们承认庄子美学是一种主体的美学和心灵的美学，那么，这种对精神自由的讴歌，或者说，人在精神上的主动构建和超越，则是其美学思想的主体性和心灵性最为充盈的体现。这种自由观是庄子美学之内在言路的必然推进。庄子平等观的另一个价值论体现就是保证人的精神自由的实现。平等表明人的"自私"的祛除，而"无私"正好是精神自由的关键，这种自由观也是庄子自然观的合理发展。由于在本体论和价值论上对自然做了最高的界定，庄子因而提出自然而然的生存方式，这绝不是要人消极地臣服于自然，而是唤醒人积极地超脱于社会，于是合乎逻辑地提出了个人精神的自主、自由的问题。通读《庄子》，就会发现庄子极力宣扬的精神自由就是康德意义上的自律，即精神上"由自己做主"，自己选择，自觉构建，因为它看似是一种消极的无为与忘世，但要超脱于汹涌的社会和名利欲念对人的诱惑，须付出大勇气和大智慧，进行艰难痛苦的自我蜕化。范曾的《老庄心解》说："庄子学说给人的首先是心灵的大解脱、大自由。"陈鼓应《老子评传》也说："追求主体精神的绝对自由，正是庄子哲学的最终目的。"虽然庄子美学的方方面面是环环相扣、相互说明的，但精神自由是庄子美学的关捩，因为庄子美学其他重要的内涵都可由精神自由而见出，或都可见出精神的自由。庄子的自然观和平等观都是个人主体精神自由构建出的境界。如《人间世》所说的"乘物以游心"，又如《逍遥游》所云"藐姑射之山，有神人居焉。肌肤若冰雪，绰约若处子；不食五谷，吸风饮露；乘云气，御飞龙，而游乎四海之外；其神凝，使物不疵疠而年谷熟"。以上两处引语都说明"自由"保证了像藐姑射之山的神人那样一种自然本真的生存方式。从另一侧面可以说，因为我们脱离了欲望的羁縻，进入"游心"的即自由的生活，所以见证了自然而然的本真存在，即上面引文中所谓的"乘物"而游的境界。

在庄子那里，与"自由"相关联的词有"物化""无待""游乎尘垢之外"（《齐物论》）以及"独与天地精神往来"（《天下》）等。"无待"的反面是庄子提出的"有所待"，"有所待"即对现实有所打算、有所要求，因而必然有所牵绊、有所束缚，精神上不能获取自由。徐复观《中国人性论史》指出，人生之不自由，乃在于受到外力的牵连，此种牵连即庄子所谓的"有所待"。不过，庄子自由思想最集中的表达是《逍遥游》，最著名的象征是那只"抟扶摇而上者九万里"的"逍遥游"的鲲鹏。方东美指出，《逍遥游》一篇乃庄子于生活中求得精神之彻底解脱的人生哲学之精义所在，而庄子对"自由"最贴切的指谓就是"逍遥游"。陈鼓应也指出："逍遥游，是指明道者——从必然王国进入自由王国以后所具有的最高精神境界。"成玄英也总结了前人关于"逍遥游"的三种见解。

第一，顾桐柏云："道者，销也。遥者，远也。销尽有为累，远见无为理。以斯而游，故曰逍遥。"

第二，支道林云："物物而不物于物，故逍遥不我待；玄感不疾而速，故遥然靡所不为。以斯而游天下，故曰逍遥游。"

第三，穆夜云："逍遥者，盖是放狂自得之名也。至德内充，无时不适；忘怀应物，何往不通。以斯而游天下，故曰逍遥游。"

以上在解释庄子的"逍遥游"时，无一例外地指明庄子自由观最为强调的就是人"出入六合，游乎九州"（《在宥》）的精神自由。范曾《老庄心解》在分析庄子的艺术影响时也说到了这一点："庄子的自由乃是彻底的情态的自由，他体道合一的境界，'无待'的逍遥，使后来的艺术家们获得了心灵的绝对自由。有心灵的自由才可能有'审美的自由'，也才可能有表现的自由。"

在庄子看来，达到精神自由的一个基本途径是"超越"，也就是庄子所讲的"内求于己"之际的"心斋""坐忘"，即忘欲、忘名、忘利等忘世主义，或外天下、外物、外生的超脱态度，如《天下》篇所云："不累于俗，不饰于物，不苟于人，不忮于众。"《天地》也说："忘乎物，忘乎天，其名为忘己。忘己之人，是之谓入于天。"而后世引用得最多莫过于以下这段话："堕肢体，黜聪明，离形去知，同于大通，此谓坐忘。"（《大宗师》）以上引语无不说明，超越于物质的、肉体的、习俗的、人为的东西，人才会有合于自然这种精神上的至高自由境界。德国大文豪歌德告诉我们要为了生存而忘却生存，这与庄子所讲的是同一个道理，即为了一种更高的自然式的自由生存，应该从社会式的"常人"生存状态中超脱出来。但是仔细分析庄子的自由观，除了有精神自由这一主要的含义，还包括一个层面，即"实践自由"。如果说精神自由是一种内在的自由，实践自由则是一种外在的自由，亦即行动的自由。实践自由建立在知识论的基础上，它以掌握客观必然规律为前提。庄子还认为实践自由是精神自由的条件，或者说，实践自由最终获得的是一种精神自由的效果。《养生主》中著名的寓言"庖丁解牛"说明自由乃是实践自由与精神自由的合一，又说明实践自由是精神自由的必不可少的前提。文惠君问庖丁解牛之技巧为何如此高明？庖丁回答说是因为有三年的操刀苦练，这才有了实践中的自由，即"以神遇而不以目视，官知止而神欲行"，这种实践的自由最终带来一种精神上游刃有余的自由快感。

同时，庄子还非常准确地指出，在艺术创造中，有了实践自由，即有了对知识、技巧的掌握，并不必然达到精神的自由，因为要达到精神的自由，尚需心理方面的"无私"，即庄子所谓的"静心""凝神"等。这方面最典型的例子是《达生》中"佝偻者承蜩"和"梓庆削木为鐻"的故事。"佝偻丈人"捕蝉如探囊取物，这是因为他"用志不分，乃凝于神"，故"虽天地之大，万物之多，而唯蜩翼之知"。而梓庆制造出来的钟鼓，其声音之所以能惊天地泣鬼神，在于他在制作这种乐器时，能做到静心寡欲，忘形销骨，并以自然为师。

庄子美学博大精深，在思想史上的影响与儒家是不相上下的。以艺术方面的影响为例，如果说儒家主要影响了艺术的内容，那么道家主要影响的是艺术的技法、艺术的风格和艺术的理想等。比如，王维《山水诀》就反映了庄子美学对艺术技法和艺术风貌的影响："夫画道之中，水墨最为上。肇自然之性，成造化之功。"水墨技法的采用和水墨画朴淡风格之形成正是老庄道家浸染的结果。李白《古风》云："圣代复元古，垂衣贵清真。"此处的"清真"风格是庄子重视天然本真思想的体现。当然，庄子美学也影响到艺术的内容，如对山水的流连，对田园的回归，对自然随性之生活的创造。庄子美学也对中国古人的人生观发挥了多重而深远的影响。在人类的生活世界中，精神世界的建构是人类永恒的困惑和需求，而庄子美学与儒家的"社会的美学"和"外向的美学"不同，它是一种"自然的美学"与"内向的美学"，恰恰站在全宇宙的高度，以凸现心灵之自由、精神之主体自觉性为最显著的特色，所以引起后世无尽的追慕。可以预见，在人与世界、人与他人、人与自身之间增加了新的张力和危机的情况下，庄子美学会发挥越来越明显的影响，也会越来越具有启迪性和警示性的现实意义。

三、中国古典美学之雅俗精神

雅和俗并不是衡量文艺作品价值高低的绝对化标准，在很大程度上只是人们对文艺作品的审美情趣的相对性评价。作为美学范畴的"雅"或"俗"，其内涵并不仅仅停留在审美风格与艺术取向上，或者说，审美风格和艺术取向从来不仅仅是艺术内部的事，而是飘扬在时代文化风潮中的一面彩旗。"雅""俗"各自统摄的内涵和外延，都需要放在一个时代的文化情境中去解读。伴随着文化产业的迅猛发展，文艺加速大众化和通俗化，文艺或者文艺人对雅俗问题的争论此起彼伏，甚为热闹。

对于艺术，"雅"与"俗"或许只是定位和呈现方式的不同，并没有价值的高下之别。在一个时代是大俗之物，也许经过时间的淘洗，竟变成了另一个时代的大雅之物。比如，昆曲现在被列为非物质文化遗产，被视作民族文化形式的精华，是"雅"的，但之前它作为地方戏而流行一时，无疑被归为"俗"文化之列。《诗经》分为风、雅、颂，不是按照艺术水准的高下来划分的，而是按照诗歌自身的性质、风格和功能来划分的。不可否认，无论来自士大夫的"雅"，还是庙堂之上的"颂"，都很难说在艺术感染力上超过来自民间的"风"。

"俗"和"雅"主要区别在于一个艺术作品呈现或者欣赏的入口高低。"通俗"的文艺作品往往入口比较低，能为大多数人所接受，"高雅"艺术往往入口比较高，需要有比较专业的艺术接受力才能懂得欣赏。决定一个艺术作品的品质高低，并不在于这个入口的高低，主要是看作品的出口高低，它能在多大程度上提升人的精神境界。当今时代，人人都有追求高雅艺术和通俗艺术的权利，只要这些艺术的内在品质饱含了赞扬真善美、弘扬人间正气的"正能量"，都值得我们去关注和扶持。

近几年，人们对雅俗的争论和担忧的关键是因为一些大众文艺作品打着"俗"文化的招牌，假借创新之名，笃信娱乐至上、"一俗到底"、挑战底线的创作心态，迎合了一部分人低俗的审美情趣和品位，导致整体文艺审美理想的沦丧。有人把艺术形式上的"俗"和文化心态追求上的"低俗"等同起来，把"低俗"当个性，降低了俗文化本来的文化价值和艺术品位，使艺术创作和艺术欣赏的品位不断下滑，引起社会普遍担忧。特别是在影视等大众艺术领域，作品的故事常常借用爱情、成功、青春、奋斗等元素贩卖一种功利主义和极端个人主义的价值观，对这种价值观的传播不遗余力，对于奋斗或追求成功过程中遇到的人生困境刻意回避和矫饰，制造虚假的"青春梦想"，不承载人类更高的精神追求和人文关怀，满足于视觉感官和精神刺激，把艺术当成电子游戏的替代品。这不仅是对艺术价值本身的窄化和矮化，也是对审美需求的敷衍和对精神懒惰的无限迁就，给社会特别是广大青年造成一种错误的价值引导。

当下，不少人对于以娱乐为中心的所谓"通俗"艺术的追求已经到了无以复加的地步，过度娱乐化倾向比较严重，那些承担着民族精神和时代精神的"高雅"艺术则举步维艰，正在经受着市场价值和艺术价值的双重考验。我们不应该把雅和俗简单对立起来，而应该从雅俗背后认真考量艺术作品蕴含的"正能量"，超越形式上的雅俗之相，让艺术为我们的梦想插上腾飞的翅膀。

五柳先生说："奇文共欣赏，疑义相与析。"经典古文辞藻华丽，意境深邃，高雅也，"五四"作家不以为然，认为其语言艰涩，与现实相背，"雅俗共赏"已不能，便开启了白话文时代。"五里不同风，十里不同俗"，何况千年演变，看来还是"雅俗分赏"为妙。"下里巴人"通俗之歌，"阳春白雪"高雅之乐，各有韵味，各有千秋。欣赏主体因学识和价值观的差距，选择也会不同。雅士们超脱世事而独自相处，世俗之人又怎能体会？

有人说《诗经》是雅俗一炉的权威，有饮宴之歌，有抒情之章，又有土风之谣，确乎共赏。莫忘了，《诗经》分为三部分，《雅》是乐官们谱写的，透着贵族气息；《风》是百姓平日所哼，保留了民歌的风貌。雅是一种向往，而俗更接地气。雅俗分赏，满足了不同群体，不同环境的审美需求，不必用彼之标准强求此，也不必用此之标准强求彼。可喜的是，在这个原则下，每种艺术形式能得到更纯粹的发展。

中国文化，一直存在两个层面，即雅文化与俗文化。达官贵人，徘徊于亭台楼榭、高山流水之间,谈玄说道,品琴赋诗,泼墨挥毫,把玩古物,是为雅文化。贩夫走卒,趋走于市井黄尘,烧香拜佛,俚曲小调,泥人面狗,杂耍把式,是为俗文化。佛教,在士人为哲学,为生命智慧之泉,为心灵清静之所;在平民为迷信,为苦难中救赎之手。绘画,在士人为抒写性灵,抒发情感,寄托抱负的载体,产生了文人画,重笔墨情趣,重风雅;在平民为画像、画佛、画观音、画门神、画五子登科的手艺。音乐,在士人为高山流水,阳春白雪,古曲雅韵;在平民为山歌野调,下里巴人。自古以来,雅俗文化各行其是,互不相扰,所谓君子乐其志,小人乐其利。达官贵人在享受优裕的高雅生活时,很少想过自己的一粥一饭、一丝一缕、一茶一酒、一纸一墨,以及这高雅生活是从哪里来的。市井小民,山野村夫在为生计存亡奔走之时,又哪里敢想象大人们的优游自在,乐山乐水。这是一个世界的两极,并行于世,一个供给,一个索取,但无往来。人既生在尘世,尘世本来就是一个世俗世界,绝对的雅是不可能保持的。达官贵人不必像平民一样为柴、米、油、盐、衣、食、住、行操劳奔忙,似乎过着一种脱俗的生活,其实不然,他们只是奔忙的层次比平民高,欲望比平民多而已。他们为锦衣玉食,为荣华富贵,为地位权势,为名、为利、为虚荣而奔走。他们优雅生活背后的趋名趋利性,和平民百姓没有本质区别,其心理大概比平民百姓更势利、更庸俗、更卑下。正是看到这点,一些高人逸士便以脱离甚至唾弃官场来标榜自己的不同凡俗,清高雅绝,于是产生了数不清的隐士。隐,成了士人摆脱世俗的方式,标榜的人多了,隐士又鱼龙混杂起来。有的和当权者政见不合,不肯苟同而隐;有的被当权者压迫不得已而隐;有的不适应官场生活而隐;有的仕进无望,无奈而隐;有的为求举荐沽名而隐。但无论迫于什么原因,出于什么目的而隐,隐士都是上层人士,至少是个富户,平民百姓是无条件去隐居的。

  按米兰·昆德拉的说法,一切的高姿态,清高也好,古怪也好,雅致也好,都是一种媚俗。任何一种姿态和作为都是做给世人看,要世人承认的,当世之人承认不了,便要期待后世之人的承认,这便是媚俗。可见,绝对雅的境界确是不可能达到,也不存在;雅脱离不了俗的羁绊,没有世俗世界,雅也就失去了生存的空间。国人有隐士情结,一见稍好的风景,便言此处可隐,一遇小小的挫折,便要放舟江湖,其实谁又真正舍了尘世繁华。行文之隙刚巧读到范曾先生一篇论画的文章,其中有辨雅的一段文字,甚为精辟。先生认为中国自古以来还在审美心理上有一些痼疾,但凡文人失意,寄情诗画,就难免先戴一副偏见的眼镜,视破败寒酸为萧疏清逸,以枯槁残缺为淡远简赅,本能地拒绝华彩与炜烨,拒绝蓬勃的气象与灵动的生命,蜷曲不展的心态使他们不自觉走入美的误区,陶醉于丑的所在。虽为画论,但点出了国人对待人生的"心理痼疾"。中国主流文化,由失意文人缔造,文化心理上的缺陷与生俱来。做高人雅士,做隐居的姿态,其实是失意文人的遁迹之法,意在掩饰自己的失败,并戴着心理失衡的有色眼镜看世界,一切华彩的朝气蓬勃的生命都被视为俗人,一切入世的现实的东西都被视为俗物。

雅字的本义,是狗的牙齿,这是诸多媚雅人士万万想不到的,因为媚雅人士往往是自欺欺人的。雅者,正也,雅正之义也是由狗的牙齿这一本义引申而来。"犬齿根深体固,为前排上下牙齿的'排头兵',故被古人视为'基准牙''标准齿'。由此引申出'基准''标准'之义。古汉语词汇'雅言'即指'标准语''官方语言''通用语'。"《毛诗序》释"雅"为"正",甚是。"正"即"标准"之义。古有"陶正",即"陶器标准官";"车正",即"车辆标准官";"木正",即"木器标准官";"金正",即"金属器物标准官",等等。文雅即文章尔雅,文章符合其标准法度。由此意义文雅一词也就渐渐有了守规矩,讲礼仪,温和有礼貌,温文尔雅,讲礼仪而不粗鄙的转义。

俗字的本义,也是诸多媚雅人士没有想到的,先民多穴居山谷,形成了习俗。"俗谓土地所生习也,俗谓常所行与所恶也。汉地理志曰:凡民函五常之性,其刚柔缓急,音声不同,系水土之风气,故谓之风;好恶取舍,动静无常。随君上之情欲。谓之俗。""俗字左边一个人字,右边一个谷字,人吃谷即为俗。人与人在生理层面上并无差异,都是俗人。本无尊卑贵贱之分。但人吃饭是为了活着,活着却不是为了吃饭。人与人的差别在精神层面上,所谓'超凡脱俗',即指超脱了物欲的束缚,达到了格物致知的境界。因此,便有高尚的人与俗人之别。"在这个意义上便也有了雅士与凡夫俗子之别。由此我们可以看出,俗本是一种原生态,雅是对原生态的标准化,就是斧正。

文学艺术作品的雅俗,一是区别于题材,写皇家及臣属的便是雅,写市井妓院的便是俗,同样写情欲,《红楼梦》被看作雅,《金瓶梅》被看作俗。二是区别于表现手法，精工雕琢的被看作雅，质朴自然的被看作俗。当雅走向极端后，就变成了假与空，成为一种欺骗。从某种意义上来讲，俗才是本真。当俗走向极端后，就会变得不顾后果，成为一种孽障。所以雅与俗都是中性词，没有优劣之别，是宇宙的一体两面而已。

第二节　中国古典美学的艺术创作

一、艺术创作的本质需求

艺术本质是精神和物质、熟悉和实践、再次和表现、理性和感性、抽象和形象的高度统一。人类对世界的艺术把握方式产生于人类对世界的生产劳动实践的把握方式。在原始时代，人类在物质生活和精神生活的把握方式中，其根本是对生产劳动实践的把握，并且以各种艺术形式表现出来，如舞蹈就是人类原始社会对艺术把握的一种活动，也是人类原始生产劳动的一种活动。在这种物质前提下，艺术是对社会生产活动实践的把握，艺术本质的体现被概括为物质实践的技术和技艺，是理所当然的事了。这种朴实的艺术本质论，是人类生产劳动活动的结果，是人们通过劳动实践而反映出来的，可以理解为艺术本质是一种活动，是一种实践的活动。

在中国的审美世界中，一直都有一种自觉的、鲜明的主客之间的二元区分，只不过这种二元区分不是西方式的二元对立、二元分裂，而是在主客二元区分后又极力寻求这二者合一的思维方式。中国的审美不是一开始就是主客不分的或者是超越了主客关系的审美。中国与西方的不同不在于一个是从主客关系出发而一个不是从主客关系出发，中国的审美是一直在主客关系中来提出和把握美学问题的。只是在主客区分后的第二步上，西方由二分而走向二者之间的绝对分离与分裂，而中国在主客区分后却永远在寻求二者之间的合一，这才是中国美学区别于西方美学的本质所在。

中国人的审美方式是多形态的，中国传统的审美方式是多样的，除了道家、禅宗的自然、适性、"逍遥"和"畅神"以外，还有以孔子、屈原、司马迁等为代表的另一种审美取向，即"君子比德""发奋著书"的传统。这种"比德"的审美传统在中国古代并不是一个无足轻重的审美方式，实际上"比德"和"畅神"一直是中国古代两个重要的、并行的审美价值取向。强调中国美学是超主客关系的美学的人恐怕只是就中国美学中的一极，即追求意境深远、无迹可求的庄禅式的审美这一极而言的，虽然庄子、禅宗美学是中国美学最重要的一部分，但绝不能说庄子、禅宗美学就是中国美学。而且以庄子、禅宗为代表的这一极的审美是不是超主客关系的美学，也是一个值得商榷的问题。

对于"君子比德"的审美来说，人们是有意识地在客体那里寻求与主体的精神品德的相似之处，把主体的社会价值和意义与客体的特性联系起来判定一个事物是美还是不美。荀子在《法行篇》中说："夫玉者，君子比德焉。温润而泽，仁也；栗而理，知也；坚刚而不屈，义也。"在这里，"玉"之美在于它与人类的"仁""知""义"等品格的相似，而人的"仁""智""义"等品格在玉中也得到恰好表现。这种"比德"很明显是在主、客的相互关系中获得美感的。这种"比德"在中国是一个重要而源远流长的审美传统。虽然荀子明确提出"君子比德"这个概念，但这种"比德"思想在孔子那里已经有了很明确地表示，"智者乐水，仁者乐山""岁寒，然后知松柏之后凋"等都是。以后，人们所谓的岁寒三友、花中"四君子"等审美现象，"宁可食无肉，不可居无竹"等说法，都是这种"比德"式的审美传统的具体运用。因此，只强调中国是一种超主客的审美是片面的。

其次，从中国古代文艺理论的实际情况来看，我们的文艺理论一直就是在主、客体的相互关系中发展起来的，它们从来没有从超越主、客体的关系中来谈文艺创作，它们一直是在主、客体的关系中来认识文艺创作的。这种主客体关系在中国传统文论里就是"心"和"物"的关系。人们普遍认为，中国古代文论不是自觉的理论系统，是散在的、经验式的。但它并不是杂乱无章的，而是有着自己内在的和潜在的理论体系。心、物关系实际上是中国古代文论的一个潜在体系。心、物关系一直是中国文论的一个核心问题。在这个问题上，人们认为，文艺是个人内心情感的表现，"诗言志""情动于中而形于言""诗缘情而绮靡""为情而造文""根情、苗言、花声、实意"等，都表明中国艺术抒情的传统。但这绝不是"自我流溢""自我表现"。中国文论在强调"缘情"的同时，又特别强调人的情感是受到外在物体、外在世界的刺激、感染而产生的，人心、人情是对外在世界的反映，是与外在世界一致的，是"感物"的结果。钟嵘在《诗品·序》里说:"气之动物,物之感人,故摇荡性情,形诸舞咏",由气到物,由物到人,由人到文,这是中国一个传统的艺术审美理论。"感物"是中国艺术审美理论的一个重要传统,气—物—心—文,这是中国文论创作论的一个不可分割的逻辑程序。所以,中国文论常常心、物二元对举。比如,"乘物游心""游目骋怀""应目会心""澄怀味象""拟容取心""神与物游""感物吟志,莫非自然""外师造化,中得心源"等提法,既要求"与心而徘徊",又要求"随物以宛转";既要求客观所见的"目",又要求主观品味的"怀";既要求主观的"怀",又要求客观的"象"。这些都是在"心""物"即主客二者之间寻求平衡,是自觉地在主客体的相互关系中来认识文艺这种高级审美现象的。正如王羲之所说:"夫人之相与,俯仰一世,或取诸怀抱,悟言一室之内,或因寄所托,放浪形骸之外,"或取于内,或寄于外,中国人的生存常常是很明显的"二元"式生存。比如,或者悠游于客体,或者回归于自我;"达则兼济,穷则独善";物我,内外等。人们一直都有清醒的物和我、外和内的关系意识,只是在这种主、客的区分之中永远在寻找这二者的和谐,因而没有由此走向主客的冲突与分裂。

再次,就庄子美学、禅宗美学来看,认为中国古典美学是超主客关系的美学,其实主要是指这两种形态的美学。就庄子、禅宗美学的实质来看,它们是在清醒的主客意识中强调超越主体自身的局限和束缚,去与另一个自然、客体的世界融合为一体,在忘却主体中与客体保持一致而并非超越主、客体。如果说超越,那它们超越的只是主体自身。在庄、禅世界里,他们所向往、追求的是与外在自然世界的融合,他们设置了一个外在的与人对立的客体世界,这就是一个"道"的世界,"天"的世界,"自然"的世界。与这个外在世界对立的是"人"的世界、"人工"的世界。《庄子·秋水》篇里说:"何谓天,何谓人?牛马四足,是谓天;落马首穿牛鼻,是谓人。"庄子在这里明显地设置了两个彼此对立的"天"和"人"的世界。但是,"道"是不变的,"天"是不变的,"自然"亦是不变的,而可变的只有人自己了。所以,要想获得真正的"美",只有改变主体的心意状态,并与不变的自然客体相融为一,才是真正自由之道。庄子的超越实际上只是超越主体自身的功名利禄的"人为"之心。他提供的超越之途如"心斋""坐忘""虚静""无己""无功""无名""抱朴见素""得意妄言""得神忘形""齐生齐死""无是无非"等,只是主体自己对自己人世行为的忘却与淡漠,对自己心态的调整，要求自己主观上不执着于固定的价值与是非标准。摆脱了人世实际功利的束缚，不"物于物"，不"伤于物"，在精神上就能够达到一种与天地万物并生的自由状态，"逍遥"于自然的境界。因此，庄子的超越是主体对自己的超越，以这种超越来达到另一个客观世界。庄子是有清醒的主客之分的，但是他在"分"后却极力寻求一种融合，这种融合就是超越主体自身而与另一个"天"的世界融合。"美"就是这种融合，就是这种融合而生的分不清"天"和"人"的"混沌"世界。

无论不同民族、不同时代、不同个体之间的审美标准有多么不同，人类对美的追寻总是有着相通的内在诉求。可以说，美是一切活动的原动力，它不断引领人们向上求索，并缔造出今日辉煌的人类文明。

世间没有绝对完美的事物，但人类总是孜孜不倦地追求自认为的完美，以此展示生命丰姿。美虽没有最终的顶点，却总是会有新的高度，总是可以让人去超越攀登，让人去发现从未领略过的那一片风景。

虽然不敢说一切艺术都以对美的追求为宗旨，但美绝对是艺术创作的主旋律。我们通常所说的美术（造型艺术），就是人类以自身智慧对美发现与创造的实践。艺术创造出有形的美，但这种形并非美的本身，而是传递、承载美的物质载体。美的本质，不是有形的物，而是一种可在灵魂间流动的精神能量。

早期的人类艺术，人类总是通过对自然物像的模仿来进行创作，但这种模仿并非复制自然，而是加以修饰达到理想状态下的完美，如古希腊艺术。到了人文明高级阶段，艺术创作再不能满足人类对自然的模仿了，而是通过拓展思维空间追求更高境界的智慧之美。于此，艺术之美回归到对自我生命价值探寻上。

在人类的艺术创作活动中，为了更便捷地寻找美，人们总结出不少系统性技术经验和方程式。但我们千万不要误认为，以熟练技艺和程式方案复制作品就是对美的创造。美的创作原本没有特定的程式，也无须严格遵循某种技方法案，最需要的是精神空间上的超越与拓展。

对美的发现与创造，本质意义上与技术无关，技术充其量只是辅助手段。创造的力量来自于灵魂升华，来源于对自我生命价值的执着。掌握熟练的技艺能让人更便捷地开展发现、创造工作，但若想进行创造性工作，还得从程式化的技术方案中超脱去。

当代社会由于文化的多元化，人们对美的审视角度也日渐多元化了。但是，我们要明白，在信息传播速度如此迅速的今天，那些司空见惯的图像符号，早让人产生审美疲劳了，当代艺术需要做的应该是在原有文明高度上寻找新的突破，创造出更具时代意义的美！

二、艺术创作的美学理想

艺术关照是包容和吸收，把民族文化、地域文化投射到世界文化的背景之上，把悠久的东方文明放置到现代社会的发展思路中去思考和诠释，把东西两种文化元素和各艺术门类聚焦在一起，把涵盖文学、美术、音乐、舞蹈、戏曲等艺术类学科加以同化合成，我们才真正发现，其内在阐释的本意是天地人融贯一体，过去、现在、未来连成一片，其大无外，其小无内。觅览寰宇，纵观千古，气涵洪荒，把敏锐的观察力、理解力、表现力和严肃的理论思考等审美意志和审美情趣熔铸一炉时，我们才能触类旁通，才能从根上把握住艺术魅力的真谛，才能体悟到天地人精神的完美和谐。

美学史所涉猎的艺术种类也很丰富，不但中外在哲学家的著作中渗透着美学思想，而且在历代著名诗人、书画家、戏曲家、文学家、音乐家等留下的诗文理论、绘画、戏曲、书法、音乐理论中也包含着这丰富的美学思想，甚至还是美学思想史中的精华部分。它们都有自己独特的艺术体系，而且各传统艺术之间相互影响、互相包含。因此，各门类艺术在审美愉悦和在审美观等方面，可以找到许多相同之处或相通之处。

以形表意的形态美。中国书法和传统绘画都彰显了以形表意的审美取向。以形表意是中国汉字的属性，也是其不同于世界其他民族的独特的造字方法。具有独特形态美的汉字造就了具有独特形态美的书法艺术。笔画、结构和章法等在布局谋篇中构筑着点画空间和整体布局的形态韵味美。笔下流动姿态万千，或方或圆，或刚或柔，或轻或重，或提或按，或疾或徐，用墨或浓或淡，或润或枯等，也深刻地阐释着"知黑守白"的哲学理性道义。在传统艺术的审美思想中，黑即是白，白也是黑，黑白相生，虚实相生。书法艺术的空间意识被注入深奥的哲学思想，即对立统一的辩证法，这恰是艺术结体的精髓。

寓动于静、静中生动的气韵美。书画同源，绘画和书法一样的形态美直接表现为静态美，但又可以在想象和幻觉中转化为一种动态美，这就构成了书画的气韵美。在这样的状态中，人们可以不受时间和空间的限制而尽情欣赏和想象，从而使静止的书法又活现为虚拟的运动状态。

寄情点线面的抽象美。情感特征是各个艺术门类的最基本特征，是艺术与非艺术的根本区别。书法绝不是普通的书写行为，绘画不是简单的照相艺术，舞蹈不是简单意义上的肢体运动，音乐也需要音符和旋律节奏的跃动，诗词并非流水账式的平铺直叙……外在的静和内在的动，或内在的静和外在的动的辩证统一，都是在情感的召唤下，将艺术家和艺术创作者的心灵和美的理想化作点画外在形式的表达，可以说情感是创作者艺术创作的真正动力。喜悦愤怒、窘迫困惑、忧郁悲伤、欢乐安逸、怨怒憎恨、思念仰慕、沉酣狂醉、空虚困惑、郁郁不平，感情上的种种波动必定在诗词章句、艺术作品或肢体语言中得以中彰显。艺术的内涵是真、善、美的高度统一，光有华丽的外衣，没有实质的内涵，不过就是矫揉造作，哗众取宠的表象。真正的美不是对具体的事物的模仿，更不是以模仿万事万物来表达情感。"动中求静，静中蕴动，静如秋水，动如秋风，是动与静的矛盾运动关系，这种关系表现了高超的艺术动态。"艺术创作是创作者将万事万物在内心的感受抽象为点线面或肢体语言等形式，以动与静的辩证统一来愈合和表达的，是情感的外化和符号化。

三、艺术创作的核心境界

中国古人以纯粹执着的信念，呈现对自我的关照，反思对美的信仰，释放对艺术的追求。无论在艺术的形式技巧研究，还是文字理论总结上，都能体现艺术完整性和表现主体精神。反观当下的中国社会，方方面面都给予了前所未有的开放空间，这是一个包容性极强、各种艺术观念纷呈、极度强调创新的时代，如何跳出共性的墨守成规，对个性价值的关注显得尤为重要。不管是迫于无奈而致离经叛道，还是时代使然而致推陈出新，共通点是都极为尊重艺术创作中的个性价值。以书法为例，中国的汉字不同于别国文字仅作为"表意"的符号，而是扮演着歌颂生命、表达个性的角色，这种中国最古老的传统艺术表现方式，其实蕴含着极其前卫的现当代艺术创作理念。

（一）师法自然，拆解汉字，抽象思维

自古《周易》中有"天人合一，物我相通"的古代美学思想，许慎《说文解字》又说："仰则观象于天，俯则观法于地""依类象形谓之文"。后来

由于文人士族的出现，他们对自然、生命、人性进行更为敏锐的捕捉和体悟以及更为细腻的关怀和思考。东西晋出现了一系列以自然界中万物为媒介描述书法外在形态，且对书法用笔、技巧和章法进行规律总结的理论著作，其中东晋卫夫人《笔阵图》中："一（横）如千里阵云，隐隐然其实有形。、（点）如高峰坠石，磕磕然实如崩也。丿（撇）陆断犀象。百钧弩发。丨（竖）万岁枯藤。乀（捺）崩浪雷奔。"及钟繇的："用笔者天也，流美者地也，非凡庸所知。"这是从视觉的动态，生命的感觉入手，把对自然奥妙的领悟运用于书法创作中，将自然万物的形体、姿态进行模拟、汲取、嬗变，在书法艺术中追求自然美。用书法的线条对生命形象进行构思，对生命心性的流露进行表现，这种以美的抽象联想对文字进行拆解，并作出纯粹形式美的诠释方式，使得中国书法正式进入了艺术的层次。这时的文字不再只是表意的工具，同时兼具本身结构、线条、视觉上的美的意义。书法中的线条以一种更为自由的、彻底解放了的独立形式美上升至对人性心灵的关注，对美学观念的思考。

这种"有意味的"美学思维从现当代艺术的角度来看也是极为先进的，英国艺术家克莱夫·贝尔在《艺术》中曾提出："在各个不同的作品中，线条色彩以某种特殊方式组成某种形式或形式的关系，激发我们的审美感情。这种线、色的关系和组合，这些审美的感人的形式，我视之为有意味的形式。有意味的形式就是一切艺术的共同本质。"魏晋时期出现在书论中的这种特殊的、有趣的物象转变之法无疑是最"有意味的"。这种"有意味的形式"也体现在王羲之的《丧乱帖》《兰亭序》；王献之的《鸭头丸帖》；王珣的《伯远帖》等著名书帖中，他们是书法的革新者，将气势磅礴、森严规整的汉隶变为唯美自由、热情蕴蓄的行书、草书，他们与此时书论互为依佐，将"象"幻化成酣畅淋漓的横、竖、点、捺、撇、挑，是线与色（仅有墨色）的交织，是真性情所致且不可复制的痕迹保留，强烈地激发着我们的审美共鸣。这些书写的线条虽是有涂改痕迹的草稿，却是由强大的观察力而生发具有勃勃生命力的"有意味的形式"的最佳例证，不仅在视觉表达中呈现出富于创造力、想象力、原创性的"形式"，是现当代艺术的最高标准（创造力、想象力是艺术创作的源泉和原动力，艺术不是单纯的模仿，是创新；创新就是有想象力、创造力，而这些都是以良好的观察能力为基石从而发展的）；更重要的是能够体现出创作者的理念，即思想，这是现当代艺术创作的核心所在，也是真正耐人寻味的"意味"，这是艺术家独立创造过程中个性使然自觉、自主、自由的行为表述，是艺术成熟的标志。他们在千年前标新立异地树立了中国书法新的美学典范，千年后仍能够大放异彩并影响着现当代艺术创作。

（二）尚韵重意，真情流露，自我觉醒

"有意味的形式"中的"意味"也可理解为"意境、韵味"，谢赫六法中的"气韵生动""骨法用笔"，第一次把中国绘画的艺术标准（同样适用于书法）在理论上明确提出。其中"气"为"心"力或精神力量，心有气，才能了解如何捕捉作为个体的人的本质，"韵"有"风韵"之意，而韵的表现，通常是隐约的、暗示的。魏晋时期的书法以变化极为丰富的线条、笔意、体势、结构、章法为依托，朝着表现以人类主体的真情实感方向发展，将魏晋书风及书法美学思想倡导的"情驰神纵，超逸优游"表现得淋漓尽致，千百年来始终为我们所景仰。

这种"尚韵重意"和现当代艺术创作强调的另一关键相契合，体现在王羲之的"意在笔先"，以及王僧虔的《笔意赞》"书之妙道，神采为上，形质次之，兼之者方可绍于古人。以斯言之，岂易多得？必使心忘于笔，手忘于书，心手达情，书不忘想，是谓求之不得，考之即彰"等美学思想中。王僧虔提出形神兼备、神采为上的创作与鉴赏原则，并强调书家应做到心、手、笔相忘，自然自主地表达个人本我的真实情感，追求个性解放的强烈意识和美学理想，揭示书法艺术创作最根本的追求目标与最高境界。这些注重研究人的主观意志与书法关系的理论知识，不仅对后世书法艺术的启发极大，也印证了现当代艺术创作中最本质的要求——"本我""自我""超我"。

本我、自我、超我三词都出自于弗洛伊德的《自我与本我》一书，是心理学名词，"本我"是指人类在潜意识形态下的最原始、最源于本能冲动的心理活动，是感性的；"自我"介于本我与超我两者之间，有一定的理性表现与智慧凝结，任何能成为意识或形成思想的东西都在自我的范围之内；"超我"指超越个人范畴上升为更宏观层面的良心、自我理想等，最为理性及具有一定规律性。人们从自我的状态里去寻求对于支撑艺术、文化、个人追求的行为在艺术领域表现为艺术创作。在每个个体的本我里有许多来自于自然形态中的一些根本性的东西，对本我意识意志的启发，抓住属于个人的生命特质，把兴奋点转换成艺术形式。艺术创作的过程就是要从本我中将和原创直接发生关系的兴奋点挖掘出来，自我性情对艺术的影响，使原创的实践成为可能。在反复的推敲和冷静的思考中给予自我，根据个人性情与喜好，在自我的主动发现中去寻找自己的追求，从自我的意识形态中对本我进行发展、挖掘、启示，用本质的眼睛对自我精神家园中最核心的部分进行关注，引发自我觉醒，通过艺术形式演绎发挥出来，最终实现作为个体的艺术。只有本我与自我的实施自主自觉地完成后，艺术创作才会自然而然地成为创作者真情实感流露的途径，成为对人性自我觉醒的关注及个体生命特质的发现方式。只有强调本我与自我，才能有真正深入人心的，且是针对每一个个体特性而主动出现的艺术创作发生。

以《丧乱帖》为例，字迹虽唯美洒脱却可体会到书者书写时心境被挤压、被压迫的无奈，当王羲之写到"痛贯心肝"几个字时，"痛贯"两字连写，情绪一度达到高潮。字形的变化和书者的个人情感、美学心境息息相关，线条中有疾徐缓急，有抑扬顿挫，有劲险刚烈，以连绵不断的线书写，形成了超乎"象"之外的心灵流动，表达了书家对美的信仰追求，对个人性情的表现，对生命形态的体悟，对心灵的剖析独白，是本我与自我完美结合的最佳表达。

魏晋书法及书论中注重的"重意尚韵"是在玄学倡导的超然绝俗、简约自在及道家物我同一的审美观念之下产生，是空灵的"玄学"精神和个性主义的最佳体现。老子《道德经》中云："玄之又玄，众妙之门。"，此"妙"为通向无限的宇宙本体，揭示了宇宙的生存发展和本源生命。和"意境"相连，成为"妙境""妙意"，而所谓"妙境""妙意"正是超越现实的自我，升华到玄远、空灵的境界，是"本我"与"自我"上升到"超我"的阶段，是通过艺术的感性形式体现出人类的理性内容。王羲之《记白云先生书诀》的"书之气，必达乎道，同浑元之理"；前文所提的王僧虔在《笔意赞》中："书之妙道，神采为上，形质次之，兼之者方可绍于古人"，以及王羲之、王献之等书法名家流传于世的书帖，都是魏晋书法艺术中强调人的主体意识觉醒的同时，又更深层面地上升至道家、玄学等人类共性的哲学思想，借书法艺术把人的自我本质进阶至超我、超自然的共性来进行处理的典范。对以人的主体生命为核心的内在精神的关怀是艺术创作潜在的无限可能性的源泉，只有对人生命内在精神本体进行深度挖掘与准确把握，才能有不可穷尽的创作出现,这是当时书法艺术的最高标准和原则。这一标准和原则在当今同样适用,现当代艺术创作不是一般的、世俗的、表面的、外在的,而是内在的、本质的、特殊的、超脱的美的创造,是"为艺术而艺术"的,是"理念的感性显现的美"。如何把自己的个性上升为社会的共性、人类宏观的文化思想,找到共性与个性相容与共鸣之处,并以独特的形式展现出来,看魏晋书法及背后的美学思想便了然于心。它是理性规范和感性流荡的均衡,是"超我"的"本我与自我",代表着最真实的自由生命,反映着最深层的生命韵律与节奏的艺术样式。

艺术创作是以宇宙人生的具体物象为媒介,发掘其中"有意味的形式",化形象为象征,使人类心灵可见化、可感化。魏晋书法家们以线的移动转化为人格与美的混合,或苍凉、或妩媚、或严谨、或放肆,都变成个人特质与价值、生命性格与风范的表达,形成独特的、唯一的本我风格。

不论是动荡不安的历史时期对儒教礼法束缚的反叛与挣脱所导致的对人格人性的强调与关怀,还是当代社会文化多元化背景下所带来的允许每个个体以个体方式建立个人文化的介入,都是更为贴近人性细枝末梢的关怀观的美的表述。艺术创作一直都是对人生命潜能的发现,是对天性创造力的开发,是将我们的心灵世界的无数可能性以同样具有无尽可能性的艺术形式转化出来,在创作过程中将生命激情尽情燃烧,从中得到最大的狂喜和愉悦与最大的自由和释放。以尊重本我存在意义和超我价值凸显为最终目的,是实现艺术创造的关键所在。

第三节 中国古典美学的欣赏体验

世界意义是主体通过审美体验以意向性结构状态呈现出来的。审美体验是体验的一种高级形态,是指以生命为前提,通过强烈的情感活动、想象活动、直觉活动等,使主体进入心醉神迷、物我消融的"至乐"境界。在审美体验过程中,人与对象形成了一种双向互动的意向性结构,使自在之物成了审美对象,世界向我敞开,意义向人生成,我的存在也才能被确证。这也就是王守仁说的"你来看此花时,则此花颜色一时明白起来,便知此花不在你的心之外"的真义。尤其是"明白"二字很具现代气息,更是审美体验的结晶。显然，这里揭示了一个真理性的认识，即美是一个价值范畴，不是一个实体范畴，美不是预成的，而是生成的，没有人也就无所谓美的存在。

中国美学中艺术创作和鉴赏达到兴会高潮之时，激情和想象的强度往往不是呈现为外在的生理反应，而是进一层达到心灵、人格的深化，具有震动心魄的效果。这种"情感的真实"，不仅促进体验的深化，而且能直接成为审美体验的内容，从而使这种激情性质揭示出时代生活的本质。超越时空局限，而为不同时代的读者产生共鸣。这种"兴会"突发的激情是艺术创作母体，是艺术作品中真与假的关键。

中西审美体验中的兴会或灵感的第三个特征是物我一体、瞬间感悟性。这是具有特别敏锐的观察力和体验心态层次的审美主体方能进入的境地。中国美学将这种审美主体与审美对象瞬间合一的境界，称为"畅神""物化"境界，这是超越世俗耳目感发之乐的"听之以气"，以求得宇宙本源而来的人生根源之乐。这是艺术地成就人生和艺术地成就作品的"游乎天地之一气"的与道合一，是审美体验的最高层次。

一、审美体验的欣赏感悟

说起"有我之境"和"无我之境"就不能不先说意境，什么是意境呢？有人说"意境"就是在诗歌里，诗人用形象的语言和诗句把读者引入设置好的"布局"里，从而感受到作者给读者带来的"惊喜"的境地。意境主要是指运用艺术意象，在主客体交融、物我两忘的基础上，将接受者引向一个超越现实时空的、富有形上本体意味的境界中。

意境一词最早是由唐代诗人"七绝圣手"王昌龄在与物境、情境并列提出来的三境之一；司空图在《二十四诗品》将意境这一范畴具体化，认为诗的极致在于"不着一字，尽得风流""羚羊挂角，无迹可求"；宋代的严羽认为佛教的禅境与比喻诗的意境诗是完全一致的；清末民初王国维在《人间词话》里将此"范畴"发展为"境界"。

因为意境和意象都要求主客一体，物我交融、合一的境界，都是主体和物象碰撞时形成的心理状态，所以许多人认为它们的本质是相通的。意象主要是审美的广度，意境主要就审美的深度而言。所谓意境深邃，意象广阔。如果要用空间尺度比喻的话，意象偏于横向的，意境则偏于纵向的。

如"大漠孤烟直，长河落日圆"便是以意境为主，意象为辅的，它主要表现的是一种跨越时空的景致，以引起接受者的审美情感的共鸣。再如，屈原的《天问》便是横向性的意象排列，意境稍逊。

意境是意象的升华，它是主体心灵突破了意象的区域限制所再造的一个虚空、灵奇的审美境界。所谓"境生于象外"，就是说意象是"意"紧紧依托着"象"，虽包含着超越性，但是只要当"意"突破了"象"的束缚，向哲理性、终极性升华时才逼近了"意境"。从意象走向了意境，是从有限走向无限，从形而下的外观走向形而上的感悟；意境不能离开意象而独立存在，但又必须超越意象方能达到；意象以个别、特殊为特征形态，意境则通向一般，具有普遍性。

在中国文化中，意象属于艺术范畴，而意境指的是心灵时空的存在与运动，其范围广阔无涯，这与中国人的哲学意识有关联。比如，虚、无、远、空等是中国古典美学的主要境界，同时体现了宇宙意识。所以意境有审美的，也有非审美的，如道德、宗教、学术等境界，这是意象所不及的。

北宋诗人苏轼云："欲令诗语妙，无厌空且静，静故了群动，空故纳万境。"唐诗僧皎然云："诗情缘境生，法性寄鉴空""古馨清霜下，寒山晓月中。"对于中国古代艺术家来说，"境生象外"始终是终极的追求。还有陶渊明的诗句："采菊东篱下，悠然见南山""山气日夕佳，飞鸟相与还""此中有真意，欲辨已忘言"。

于有限的自然景观中勾勒出一幅独具特色的绘画意象，用无言的载体托起这无限的生命体，从而走向了虚空境界。意境有两种类型，即"有我之境"与"无我之境"。这两种类型最初是由近代著名学者王国维在《人间词话》中提出来的。他举例说，"泪眼问花花不语，乱红飞过秋千去""可堪孤馆闭春寒，杜鹃声里斜阳暮"，乃有我之境；"采菊东篱下，悠然见南山""寒波澹澹起，白鸟悠悠下"，为无我之境。所谓"无我之境"，指创作主体的完全消失，隐在艺术意象的后面；而"有我之境"中的我则以强烈的主观色彩明显地参与渗透于艺术意象中。在艺术作品中，"有我"与"无我"，以各自独立又相互渗透的方式，创造着各种各样的艺术境界。

在西方文艺理论中，有"移情说"，他们认为，移情便是把我们亲身经历的东西，包括我们的感觉，移于事物之上，这类事物之余我们更容易接近，更亲切，也更容易理解。法国作家梅里美的小说就用典型的"无我"的方式创作，作者冷静地站在人物与事件的背后，让人物自己走自己的生活之路，似乎从不干预；而雨果的小说，如《九三年》《巴黎圣母院》等，更加偏重于"有我"，作者时时介入人物形象与事件发展中，有时甚至直接在故事中叙述，其作品中处处可以感受到"我"的存在。

总的来说，艺术之关键是意象的升华，即意境的产生。创造出有意境的意象世界来，是艺术作品的最高追求和目标。了解了"有我之境"和"无我之境"的内涵，就可以用审美的眼光来"审"有"境界"之美，从而增添了审美体会和审美经验。

二、审美体验的灵韵追求

"韵"的生成必须基于独特的审美品性，即须具备一定的前提条件。概括地讲，"韵"的审美特性包括含蓄、自然和有"眼"。

我们若只以"美"这个词为向导，到中国古代典籍中去追寻"美的历程"，难免会失望。与西方美学直接针对"美"的概念进行逻辑探讨不同，中国美学是一种咀嚼、品评和回味的美学，充满直觉、体悟的色彩。其中心概念不是"美"而是"韵"，而且其观念表述的话语形式本身就散发着"韵"的气息，这在艺术美学尤其是绘画美学中得到了很好的体现。故将"美"与"韵"进行一番比较，将有助于我们更深入地理解中西美学各自的特点。

"韵"作为中国古典美学范畴之一，诞生于魏晋南北朝。《世说新语》中有"韵""风韵""风气韵度"，谢赫《画品》中有"气韵""体韵"等概念。其后，在历代诗画文论中，关乎美而涉及"韵"的话语比比皆是。

"韵"是产生于魏晋玄学清议之风中的一个人物品藻的概念，意指一个人通过形体和举止表现出的风神气貌之美，唯其"只可意会不可言传"而被称作"韵"。这个词原本是形容声音的，指袅袅余音给人的美好感受，通过人物品藻，"韵"逐渐引申为言辞或形象背后隐含的余意或余味。六朝时，人们将这个概念用于对诗书画的评价，由此延伸为"神韵""气韵"等概念。钱钟书说："谈艺之拈'神韵'，实自赫始；品画言神韵，盖远在说诗之先。"他指出，谢赫《画品》在以下五个地方用到了"韵"：（1）"气韵，生动是也"（序）；（2）"神韵气力"（评顾骏之）；（3）"体韵遒举"（评陆绥）；（4）"力遒韵雅"；（5）"情韵连绵"（评戴逵）。这就是"品画言神韵"之始。

相对于"韵",以"神"论艺要早许多。在顾恺之的诸多画论中,以"神"论画处处可见,有"神属冥茫""神仪在心""以形写神""传神之趣"等,使得"神"在画论草创之初便成为一个核心概念。事实上,在魏晋人物品藻中曾大量使用这样的"神",后又用于人物画的品评之中。二者显得界线模糊,乃是描述相同对象的文与图之间的"互文性"所致。谢赫以"韵"论画,大抵如此。

东汉许慎《说文解字》原本无"韵"字,至宋徐铉校定后新附此字,注"和也,从音,员声"。由此可知,传统意义上的"韵"字或为名词,或为形容词。作为名词的"韵",如汉蔡邕《琴赋》"繁弦既抑,雅韵复扬"、南朝宋谢庄《月赋》"若乃凉夜既凄,风篁成韵",此指和谐之音。另刘勰的《文心雕龙·声律》"异音相从谓之和,同声相应谓之韵",此指音韵。再有《抱朴子·刺骄》"量逸韵远",陶渊明《归园田居》"少无适俗韵,性本爱丘山",此指情趣与风度。作为形容词的"韵",如《世说新语·言语》"或言道人畜马不韵",此指风雅。

由于汉语在词性上的灵活性,"韵"亦有动词特征。姚最在《续画品》中评谢赫"至于气运精灵"之句时,将"韵"换成了"运",便是一个很好的例证。由于"韵"所特有的动词特征,往往赋予了被修饰者以"清和""调畅""抒怀"的价值取向,因而魏晋以来,在人物品藻中出现了"韵"这一全新的术语,并迅速与"风""神""气"等术语组合成词,成为人物品藻的核心概念。谢赫的《画品》虽推"气韵"为第一法,但文中处处可见"神韵""体韵""情韵"之语,便是例证。

在人物品评中,"韵"更重要的是作为游离于"和谐之音"与"声律之外"的独立的评价语,如梁刘孝彪注《世说新语》中有"拔俗之韵""雅正之韵"。这种独立成词的用法,谢赫《古画品录》中仅有一处——"力遒韵雅"。谢赫虽仅一次独立用"韵"评价画家,但由于"韵"在他的上下文中已有了"神""气""风"的地位,其所指与"音韵"或"韵文"无关,"韵"已超出人物品藻的范畴,亦超出了音乐、文学的范畴,蜕变为具有普遍意义的审美范畴。由此可见,谢赫以"韵"论画的革命性作用。

山水诗平淡自然,俊逸空灵,与琴棋书画熔为一炉,诗中常有形与声的刻画,情与意的温馨,飘洒与沉静结伴,显达与幽深同行。常用委婉冲淡、古雅悠远的高妙手法,达到令人拍案叫绝、流连忘返的艺术胜境,形成山水田园诗的空灵、明净、飘逸的意境。

"空山新雨后，天气晚来秋。明月松间照，清泉石上流。""空山"二字点出此处犹如世外桃源，山雨初霁，万物为之一新，又是初秋的傍晚，空气之清新，景色之美妙，可以想见。天色已暝，却有皓月当空；群芳已谢，却有青松如盖；山泉清冽，淙淙流泻于山石之上，犹如一条洁白无瑕的素练，在月光下闪闪发光，多么幽清明净的自然美啊！

写景如画，随心挥洒，这样动人的自然写景，正是通过清新淡雅、自然平实的语言表达出来，达到了艺术上炉火纯青的地步，以自然美来表现的人格美、理想中的社会美，通过对山水的描绘寄慨言志，含蕴丰富，丰姿摇曳，耐人寻味。

"江流天地外，山色有无中。郡邑浮前浦，波澜动远空。"颔联把所见江山的空间跨度极力加以扩展，以至于无穷无尽。"有无中"的山色，"天地外"的江流，这种因远而虚的境界，展示了江面之宽、江流之长。用"有无"和"外"点出了画面由实景而化入虚白。颈联再用一个"浮"字，以郡邑浮沉、天空摇曳的幻觉写水势的浩渺滴荡，似乎把郡邑描写成海市蜃楼了。但也只有这样，才能更真切地表现出"前浦"波澜壮阔、浩渺连天的风貌。

"空山不见人，但闻人语响。返景入深林，复照青苔上。"那一抹返照的夕阳，那被夕阳辉映的青苔，还有那只闻人声不见人影的深林，该可以勾起多少的遐想，该可以给人多少的审美享受！在山林溪壑之中，既寄托了自己高尚其志、不与世俗合流的人生理想，也倾注了对自然之美的衷心喜爱。

"荆溪白石出，天寒红叶稀。山路元无雨，空翠湿人衣。"仿佛是随意的点染，然却已非自然色了，选择秋山本身就存着深刻的含蕴，满目苍郁的秋山缀以稀疏零落的红叶，再衬以通过幻觉错觉而滋生出来的诗意感受和心灵色彩，全幅画就蒙上了似幻而真的生命感动的烟雾。

"渭城朝雨浥轻尘，客舍青青柳色新。劝君更尽一杯酒，西出阳关无故人。""渭城朝雨浥轻尘，客舍青青柳色新。"朝雨乍停，天宇清朗，道路洁净，路旁柳树被雨水洗出了它那青翠的本色，而柳色之新，又映照出客舍青青来，从而构成了一幅色调清新明朗的图景。

"清浅白石滩，绿蒲向堪把。家住水东西，浣沙明月下。"河滩上的水，水底的石和水中的蒲草，清晰如画，以明月照彻滩水，水才显其"清"，滩才显其"浅"，水底之石才显其"白"。不仅如此，从那铺满白石的水底，到那清澈透明的水面，还可以清楚地看到生长其中的"绿蒲"，它们长得又肥又嫩，差不多可以用手满把地采摘了。这里特别值得注意的是一个"绿"字，光线微弱，绿色就发暗，能见其绿，足见月光之明亮。月之明，水之清，蒲之绿，石之白，相映相衬，给人造成了极其鲜明的视觉感受。

春发秋落是自然界亘古不变的规律，一棵历尽沧桑的树，一座经历风雨洗礼的山峰，一幢屡遭岁月驳蚀的小楼，对于春绿秋叶，对于风雨磨炼的人生，走近生离死别间，早已处事不惊、淡然处之了。不管季节如何轮回，无论时光怎样流逝，所有都与尘世融为一体，默默地随着岁月扩散的年轮，荡漾着生命的波光。

人们已习惯自己的木讷，紊乱的季节，已无法给予我们太多的回馈。甚至，有时季节能奉送给我们的只是怅然、无奈和隐隐的失望与灾难，人们似乎有些厌倦了。诗意的山水，在眼前熟视无睹，无心也无暇欣赏与赞美。

可是不管你欣赏、赞美与否，城市中的一片瀛洲似的月湖边，这棵歪着脖子的柳树，远远望去，它正以妙曼婆娑的舞姿，娉婷摇曳，婀娜生风。信手拈来绿柳的点缀，沾染一指水绿的诗意。那句妇孺皆知的"吹面不寒杨柳风"便是最好的诠释。如温软柔和的掌心，轻轻地抚过面颊。"拂堤杨柳醉春烟"，飞絮蒙蒙，轻烟淡笼，拱桥亭阁长堤湖畔，如诗如画。"不知细叶谁裁出，二月春风似剪刀"，此句，更是传神和形象，多么精妙绝伦的诗句，多么让人心旌荡漾啊！但人们一离开绿柳成荫、自然山水，潜身城市嗜好时，谁还会想念鬼斧神工的峭壁、浩浩荡荡的林海、潺潺淙淙的溪流、高山深处石经斜的小屋，只知躲进划一的小楼与歌舞、棋牌为乐。他们完结着一个轮回，直至精疲力竭时，才以坠落的姿态走完一生的旅程。

春的新绿，夏的繁绿，以一种生命的姿态，不知不觉、悄悄地溜进了早已失去四季感知的城市。虽然春夏波澜不惊地悄然滑过，猛然惊觉中发现，城市的人们终于在沉睡中醒来，抖落一身光怪陆离，商海钱雾，用悠扬而又邈然的轻唤声，唤醒缱绻城市蛰伏高楼的情愫。

久居喧嚣都市的日子，举目皆是车水人流和钢筋水泥的丛林，天总是灰灰的，就感觉自己被关在了一个人造风景的牢笼。突然看到绵延无尽青绿的山和茂密葱郁的森林，感觉突然被释放回归到了自然的怀抱，心中的诗情画意怡然而生。难得有了一颗宁静的心，能听见那些虫子奏响在辽阔的原野里，幽深的山庄后，所传来缈远的天籁之音。

童年的记忆、描绘原野和远山的诗意山水。那些从远古的岁月，伴随着一程风一程雨走过来的季节，只恹恹地停留在日历中。节气和远离农事的都市生活，季节与自然景物的更迭真的已与都市人没有了多大的关联与感受。每天，在时光的罅隙中，我们忙碌着，昏昏碌碌，有的甚至深夜方归，谁有空余的时间，去对季节、青山绿水做过多的无聊的关注和遐想？

优美的诗意山水，给了我们一股远离的清新感知，一批炊烟袅袅的农舍，一缕原野的清香，一眼远眺的崇山峻岭，一瞬自由翱翔的心动，一种自然美的享受。

三、审美体验的自然之道

追求自然、崇尚自然是中国传统美学中一种普遍的民族审美趣尚。而在这一富有民族特色的审美趣味的形成过程中，山水作为一种自然对象，不但充当了从老庄哲学上的自然之道向艺术审美上的自然之美转化的中介，而且在中国传统文化背景下形成的"自然观"的影响下，启发、促成了自然美审美理论丰富内涵的展开和发展。

崇尚自然、追求自然，是我国在长期的历史过程中形成的具有民族特色的审美趣味。然而，我们民族审美趣味所崇尚的"自然"，其含义是非常丰富。概而言之，有三个方面的内涵，一是艺术创作要有感而发，而不要矫揉造作，无病呻吟；二是创作过程中追求自然感兴、"直致所得"，而不要苦吟雕润；三是美学形态上偏嗜自然清真乃至自然平淡，反对堆金积玉、一味求奇。而且，这种追求、崇尚自然的审美趣味的形成，其原因是非常复杂的。它不仅是中国传统文化，特别是道家思想深入影响到艺术中的结果，是民族心理在艺术审美中的反映，也是艺术传统，特别是以陶渊明、王维为代表的山水田园诗派在文坛上取得高度成就以及山水画成为中国画的主流这一艺术实践的结晶。

通过对自然美的内涵及其成因的考察，我们发现除了讲求有感而发这方面的内涵以外，自然美的其他所有内容都与山水有着非常密切的联系。宋人龚相有一首题名为《学诗诗》的论诗，其中有"点铁成金犹是妄，高山流水依自然",前一句是批评人工雕琢补衲的,后一句则直接以高山流水来形象地展示自然美的内涵。崇尚自然与自然中的山山水水确实存在着深刻的联系。

(一)自然之道通过山水进入美学

自然美的崇尚与追求,应该追溯到先秦道家身上。老子认为"道法自然",把其哲学的最高范畴"道"解释为"自然"。庄子进一步指出:"天地有大美而不言,四时有明法而不议,万物有成理而不说。"(《庄子·知北游》)"朴素而天下莫能与之争美。"(《庄子·天道》)对于这种自然无为的境界,庄子还在《齐物论》中对"天籁"进行了颇为形象的描述,指出它"咸其自取,怒者其谁邪",否定了任何人力的推动,充分肯定了它的自生、自发、自然。老庄的这一自然主义哲学思想对后代中国人的审美观念产生了深刻的影响。

然而,"自然"一词在老庄思想中主要是一种带有抽象意义的哲学范畴。这一自然而然、不假人工雕饰的状态,尽管庄子以生动、具体的寓言进行了说明,但仍然带有某种玄虚、神秘的成分。后代道家思想的继承者和阐释者尽量把老庄的自然之道具体化到外在自然界上,特别是具体化到自然的山山水水上。因为山水决然而生,没有人为造作的成分,充分体现了大自然神奇美妙的造化伟力。产生于汉初的道家思想著作《淮南子》就这样解释老庄的自然之道:"譬若水之下流,烟之上寻也,夫有孰推之者?"(《淮南子·齐俗训》)魏晋玄学家阮籍更是明确指出:"山静而谷深者,自然之道也。"(《达庄论》)东晋玄学家郭象通过《庄子注》,把《庄子》一书中与"道"异名同实而又看起来容易引起人们误解的一些词的玄虚成分加以清除,而还归于林林总总、具体存在的自然世界。他在《逍遥游》注中说:"天地者,万物之总名也。天地以万物为体,而万物必以自然为正。自然者,不为而自然者也。"在《齐物论》注中也说:"自然而然,则谓之天然。天然耳,非为也,故以天言之,所以明其自然也。"他们都清楚而又明确地把以山水为主的自然界当作自然之道的化身,自然之道也借山水而具体化、形象化。这种对老庄自然之道的体认,就与后来"高山流水依自然"的美学思想获得了共同的逻辑基础。

然而,这种哲学上的自然之道向艺术审美中的自然之美的充分移植和转化,除了上述以具体和山水来解释自然之"道"而形成的类似于"山水是道"的观念外,更为直接的是文学艺术创作实践的推动。作为一种理论形态的审美趣味的形成,它首先必然是审美创造实践经验的总结和抽象。纵观我国古代自然美观念的提出和形成,可以毫不武断地说,它与以山水、田园为表现对象的艺术流派的创作成就和经验有着直接的联系。随着六朝山水审美意识的大觉醒、大拓展,在艺坛上出现了以模山范水为主要内容的山水诗画。尽管早期山水文学在艺术上不可避免地存在着许多局限,如追求形似、新奇、曲写毫芥,离自然清真的境界尚有很大差距。然而,一旦山水进入艺术表现之中,随着艺术表现技巧、欣赏趣味的进一步提高,必然带来山水文学向更高层次发展。

中国古代美学上最早标举自然美的当数刘勰,但刘勰的自然观重心却在"为情而造文"而反对"采滥忽真""为文而造情",强调的是感情的真实自然,即我们所说的古代审美趣味所崇尚的"自然"内涵中的第一个层面。而真正从自然清真、自然感兴的层面对自然美进行极力称扬的是南梁人钟嵘。他在其诗歌美学著作《诗品》中,在创作感兴上提出了"即目""所见"的"直寻"(即境会心,自然写出,不劳拟议);在审美形态上标举"自然英旨",极力反对"补假""繁密""拘挛补衲""蹇碍""拘谨"则"伤其真美"的人工巧做。然而,在崇尚自然的审美历程中,钟嵘《诗品》中最具有里程碑式的言论要数他在品评颜延之时所引用的汤惠休的那段话,"谢诗如芙蓉出水,颜如错彩镂金"。这一评价令颜延之"终身病之"。这里的品评虽是汤惠休所言,实则代表了钟嵘的审美趣尚。钟嵘批评了颜延之"喜用古事,弥见拘束"。一个写诗"喜用古事"、造成"绮密"(《诗品·宋光禄大夫颜延之》)风格的诗人,对别人评价自己的诗"错彩镂金",居然"终身病之"!这足见即使在颜延之看来,"错彩镂金"的美也比不上"清水芙蓉"的美。这就透露出一个信息:"芙蓉出水"的自然清美高于"错彩镂金"的雕馈之美,这似乎成为一种时代的趣尚,不独钟嵘一人如此。

关于颜延之、谢灵运的诗优劣论中所体现出来的审美趣味的转变,与山水文学的勃兴和发展是有着联系的。与颜延之相比而被认为具有"初发芙蓉,自然可爱"特点的谢灵运,是中国诗史上一位开创山水诗新局面的划时代诗人。由于主要以江南秀丽的自然山水作为表现对象,使得谢灵运诗歌在题材上占了很大优势(系指达至自然清美这点上),而不像颜延之的诗"喜用古事"而造成"文章殆同书抄"。因此,正是因为以自然山水为主要表现对象，且在徜徉山水之中"兴会标举"，自然感兴，使谢灵运的诗从整体上显得如"初发芙蓉，自然可爱"。尽管谢灵运的山水诗总的来说未能避免早期山水诗的局限性，以精工富丽见长，距自然清真的醇美境地尚远（这点钟嵘在《诗品》中亦有指出），但也有少数篇章、诗句自然感兴，清新可爱。谢灵运的诗最为人称道的"池塘生春草，园柳变鸣禽"就充分体现了钟嵘"直寻"的创作思想，符合其"自然英旨"的审美趣味。它自然天成，没有人工拟议的痕迹，而且生意盎然、气韵活脱，充分展示了造化自然的天然生机。大概正是在创作山水诗的成就这一点上，钟嵘认为谢灵运的诗如"芙蓉出水"；又因谢灵运的山水诗在艺术上以精工富丽见长，未能达到"自然英旨"的极诣，钟嵘又批评谢灵运的诗"颇为繁富为累"。（《诗品·宋临川太守谢灵运》）

如果说谢灵运在山水文学创作上还存在着许多局限的话，那么到了唐代，以王维、孟浩然、韦应物、柳宗元为代表的山水田园诗派则把山水诗文推向了浑然天成的境界，自王维开始的南宗山水画也逐渐占据了画坛的主要位置。加之陶渊明的田园山水醇美境界的重新被发现，从唐末开始遂演成了崇尚自然的高潮。深受老庄道家思想影响并以之作为其诗歌美学基石的司空图，就是奠定这种审美趣味的重要诗歌美学理论家。司空图在艺术创作上标举"直致所得"，主张艺术美的"妙处皆自现前实境得来"（许印芳《与李生论诗书跋》），继承并发展了钟嵘的"直寻"说。而在审美形态上，司空图继承了钟嵘的"自然英旨"、李白的"清水出芙蓉，天然去雕饰"的美学追求，并发展成为一种对自然平淡的美的崇尚和偏嗜。《二十四诗品》尽管列举了二十四种品格，但正如杨廷芝在《二十四诗品小序》中所论，它们"无往而不归于自然"，真正突出并偏爱的却是平淡自然一路。司空图论诗力宗王、孟的山水田园，主张王右丞、韦苏州的"澄澹精致"，正如许印芳所言，"表圣论诗""举右丞、苏州以示准的"（《与李生论诗书跋》）。因此，无论是他的"直致所得"所体现的自然感兴的创作主张，还是他的平淡自然的审美理想，除了受老庄道家思想的影响之外，主要还由于他是以山水、田园诗的创作经验作为理想对象。而且老庄的自然之道对艺术审美的影响又是通过山水等自然物这一中介而实现的。特别是司空图的平淡自然的审美理想，更是隐遁山水的士大夫所具有的那种超逸自然、虚静恬澹的胸怀的写照。《二十四诗品》中的《自然》一品就是这样一种境界,"俯拾即是,不取诸邻。俱道适往,著手成春。如逢花开,如瞻岁新。真与不夺,强得易贫。幽人空山。过雨采蘋。薄言情语,悠悠天钧。""天钧"指自然陶铸。《庄子·齐物论》言:"是以圣人和之以是非而休乎天钧。"这里,一切都是自然而然,犹如"幽人空山,过雨采蘋"。人以恬澹自然之心徜徉在平淡朴素的自然山水之中,触景生情,物我合一,一切景语皆情语。司空图就这样以老庄的自然之道作为其诗歌哲学,以山水田园诗的创作实践作为其美学典范,又以富有诗情画意的山水等自然意象作为表达方式,为我们勾画出自然美的醇美极诣。司空图的美学理论,不仅在文学方面对后代产生了极大影响,书画理论也享其余荫。清代黄钺作《二十四画品》,不仅在形式上完全模仿司空图,美学思想上也受其影响。该著"专言林壑理趣"(《二十四画品·序》)从山水画的创作经验归纳出"听其自然、法为之死"的理论主张,也体现了对自然美的一种崇尚和追求。

深受司空图诗歌美学影响的宋代,是崇尚自然的审美趣味向艺术各领域推广并定型化为我们民族普遍风习的时期。苏轼可以说是这一审美心理想发展过程中的杰出代表,他不仅继承了司空图的诗歌美学遗产,而且把"自然"的审美理想扩展到书画领域。"诗画本一律,天工与清新。"(《书鄢陵王主簿所画折枝二首》之一)"无穷出清新。"(《书晁补之所藏与可画竹三首》)"天工"即自然天成,"清新"就是自然清真,如出水芙蓉那样自然可爱。苏轼在《读道藏》一诗中说:"至人悟一言,道集由中虚。心闲反自照,皎皎如芙蕖。""芙蕖"即"芙蓉",与前贤所讲的"出水芙蓉"相同;而"道集由中虚"则取自于《庄子·人间世》中的"唯道集虚"的"心斋","至人"亦是《庄子》一书中的理想人物。这里反映出他心目中的自然清真的审美境界是老庄哲学向艺术审美的延伸。而且,在自然美的形成过程中,苏轼同样以山水、田园诗的创作成就作为其理想对象。尽管他承认李、杜诗"凌跨百代",使"古今诗人尽废",但却更钟情地认为:"苏、李之天成,曹、刘之自得,陶、谢之超然,盖亦至矣"。后来诗人"独韦应物、柳宗元发纤秾于简古,寄至味于澹泊,非馀子所及也"。因此,他对司空图的诗歌美学中的自然平淡的审美趣味推崇备至,"信乎表圣之言""恨当时不识其妙"(《书黄子思诗集后》),表明了他对司空图的极端崇拜。这就是说,苏轼崇尚自然平淡的审美理想,也是通过对以山水、田园为主要表现对象的诗歌进行审美体认和理论总结而得出。不仅如此,苏轼在表达其自然美的理论时，经常以山水来作为比喻，直接从山水的具体形质上领略其文理自然之趣。他的父亲苏洵曾以风水相遇而自然成文来引发其自然无营的文学思想："无意乎相求，不期而相遭，而文生焉。"(《仲兄字文甫说》) 这一比喻对苏轼有深刻的影响，后来苏轼言诗赋杂文，主张"大略如行云流水，初无定质，但常行于所当行，常止于所不可不止，文理自然，姿态横生"(《答谢民师书》)。在《自评文》中亦说："吾文如万斛泉源，不择地皆可出，在平地，滔滔汩汩虽一日千里无难。及其与山石曲折、随物赋形而不可知也。所可知者，常行于所当行，常止于不可不止，如是而已矣。"

所有这一切，都说明了我们所执着追寻的这样一个突出现象：包括苏轼在内的中国古代崇尚自然的审美趣味的形成，与道家思想的深入影响是分不开的，而从老庄的自然之道向艺术境界中的自然美的延伸、转化、移植过程中，以山水为主体的自然界起了一个非常重要的中介作用。

(二) 原道：自然美与艺术美

以上分析了老庄的自然之道走向艺术审美的历程，揭示了以山水为主体的自然界在这一转化过程中的重要作用。然而，对山水与美学中崇尚自然的关系的更深入研究，还需要我们以中国文化的横向意识，深入探讨中国古代文化土壤中形成的"自然观"，及其在山水感悟、启导下形成的崇尚自然的审美观念的内在文化——美学机制。

"原道"这一概念是中国古代美学家经常用来说明艺术美与宇宙自然衍化生成的关系问题的重要概念。"体大虑周"的《文心雕龙》就以《原道》作为其庞大理论体系的起点。它认为，全部人所创造的美("人文"，即我们这里所称的"艺术美")都是宪章、师法天地自然之美("天文"，由于它们非人力所致，我们这里称其为"自然美")，而天地自然之美又是"道"的外在表现形式。"日月叠璧，以垂丽天之象；山川焕绮，以铺理地之形，此盖道之文也。"(《文心雕龙·原道》) 原始的、自然存在的山水自然景象生动、完美地体现了"道"的精神。而经过人力所创造的艺术美，即刘勰所说的"人文"之美，则是"圣人"通过"原道心以敷章，研神理而设教，取象乎《河》《洛》"等观察并顺应自然规律而形成。这一衍化生成过程，刘勰称为"道沿圣以垂文，圣因文而明道"。对于这种人的艺术美与原始的自然美的关系，宋人郑樵更明确无误地写道："河出图，天地有自然之象；洛出书，天地有自然之理。天地出此二物以示圣人，使百代宪章必本于此。"

（《通志》卷七十二《图谱略·索象》）既然天地自然之美是"道"的表现形式，而人所创造的艺术美又"宪章"、师法天地自然之美，因而从"自然"这一角度来看，自然美必然高于艺术美。"云霞雕色，有逾画工之妙；草木贲华，无待锦匠之奇""至于林籁结响，调如竽笙；泉石激韵，和若球锽"。这些"有逾画工之妙"的天然景致，这些如庄子所言胜过人工鼓琴的自然"天籁"，其美的魅力、奥妙，刘勰一言以蔽之，"夫岂外饰，盖自然耳"。（《文心雕龙·原道》）对刘勰的这一隐而未伸的思想，唐代绘画理论家张彦远则讲得更为明了，"草木敷荣，不待丹碌之采；云雪飘扬，不待铅粉而白。山不待空青而翠，凤不待五色而綷"（《历代名画记》卷二）。而清人叶燮更是从山水之美的具体形象来说明这一道理："今夫山者，天地之山也，天地之为是山也。天地之前，吾不知其何所仿。自有天地，即有此山，为天地自然之真山而已。乃画家欲图之而为画，窃天地之貌而形之于笔，斯亦安矣。然亦各能肖天地之山之一体。盖自有画，而后之人遂忘其有天地之山，止知有画家之山，为倪为王，为黄为吴，门户各立，流派纷然。夫画既已假，而肖乎真，美之者必曰：逼真。逼真者，之所以为假也。乃今之垒石为山者，不求之天地之真，而求之画家之假，固已惑矣，而又不能自然以吻合乎画之假也，于是斧之凿之，胶之毿之，圬之墁之，极其人力而止。盖其人目不见天地，胸不知文章，不过守其成法，如梓匠轮舆，一工人之技而已矣，而可以为师法乎？"（《假山说》）

在叶燮看来，从"天地自然之真山"到"窃天地之貌而形之于笔"的画家之山，已是失真为假，减色不少，更何况师法画家之山的门户派别之作呢。从天地自然之美到人工艺术之美，是"一假而失其真"，"再假而并失其假矣"，正如柏拉图所指责的艺术，是"影子的影子"，和天地之真自然隔了三层。

而对中国人的"自然"观，对中国古代美学崇尚自然的形成产生了深刻影响的《庄子》，也深深体现了这种原始自然美高于人工艺术美的思想内涵。《庄子·大宗师》在赞颂"道"的伟大作用时所说的"覆载天地刻雕众形而不为巧"，即认为天工（大自然无意识的创造）是胜于任何人工的。在庄子看来，任何人工创造的都是有限的，而他所崇尚的天地之"大美"则是否定任何人工艺术成分的。他理想的音乐是自然天籁，而任何"鼓琴"等人工演奏活动，都"有成与亏"；只有"不鼓琴"的自然无为，才是合乎自然之道的。(《齐物论》)"百年之木"体现了天然全美,一旦经过工匠的加工,"破为牺尊,青黄而文之"(《天地》),则失却自然朴素之美。所以庄子说:"残朴以为器,工匠之罪也。"(《马蹄》)而"艺术",不管它以什么高超的技巧,不管达到何种境界,终究是人所创造的产品。顺着庄子的意思,人所创造的艺术美,必然永远低于原始自然美。

然而,中国古代崇尚自然的审美趣味,固然也包括了旅游生活中对天然野趣、对天造的自然山水胜境的激赏,但主要表现在艺术创造中对自然境界的追求。因此,严格说来,中国古代所崇尚的自然美,乃是在被认为低于原始自然美的人造艺术美中的自然美。艺术就意味着失却自然,正因为这种自然境界的难得,不像原始自然界那样俯拾皆是,所以它才成为中国人所追慕、所称赏的一种高超、醇美境界。张彦远把画分为自然、神、妙、精、谨细五等,明确把"自然"列为"上品之上";宋初绘画史家黄休复也把画分四品,而以"得之自然,莫可楷模"的"逸格"为最高;诗人姜夔认为诗有四种高妙,而"非奇非怪,剥落文采,知其妙而不知其所以妙"的"自然高妙"(《白石道人诗说》)为其极致。这些都体现了"自然"在艺术美中的崇尚和追求。

正是在中国文化的"自然观"的影响下,也正是在关于自然美与艺术美的关系认识中,中国古代自然山水美学理论出现了以下值得注意的观点。

一是提出了"以天地为师""以自然为师""以造化为师""以山川为师"的口号。早在刘宋时代,刘勰就提出了"若乃山林皋壤,实文思之奥府"(《文心雕龙·物色》),强调了自然山水对于触发人们艺术创作兴致的重要意义。唐宋以后,随着山水诗、山水画的兴盛,这种以天地、山川为师的山水美学理论更是得到了广泛的唱和,唐代的张璪提出了"外师造化,中得心源",宋代有郭熙提出的"身即山川而取之",到了明代,有王履提出的"吾师心,心师目,目师华山",有董其昌提出的"以天地为师""以造物为师",有袁宏道提出的"师森罗万象,不师先辈"。这些说法的共同思想是反对艺术创作摹拟古人,为绳墨法度所束缚,而强调从即目所见的眼前自然景象的审美感受出发,表现生动、具体、真实的山水自然世界。宋人包恢的一段论山水之"真"的话,就深刻揭示了这一思想:"永嘉赤城之台、雁,古剡会稽之岩壑,钱塘武林之湖山,天下山水之佳处也。非身亲履、目亲见安能知其真实?若直坐想而卧游,是犹观画图于纸上尔。然真实岂易知者？要必知仁智、合内外，乃不徒得其粗迹形似，当并与精神意趣而得。境触其目，情动于中，或叹或歌，或兴或赋，一取而寓之于诗，则诗亦如之，是曰真实。"（《书吴伯成游山诗后》）

在中国美学思想中，"真"与自然相通。包恢在这里所强调的"身亲履、目亲见"就是要求艺术家从活生生的自然现象出发，而不是从抽象的概念、传统的教条、书本上的法则出发。把这种山水美学观引发、扩展开来，就要求作家从自己的生活感受出发，抒写真实的自然、社会、人生世界。诗人陆游在《题庐陵萧彦毓秀才诗卷后》中写道："法不孤生自古同，痴人乃欲镂虚空。君诗妙处吾能识，正在山程水驿中。"金代诗论家元好问在《论诗三十首》中也说："眼处心生句自神，暗中摸索总非真。"中国古代的这些山水美学观点，不仅具有起源论意义，更重要的是揭示了艺术创造过程中审美感受的心理机制，强调了自然、真实的艺术世界的重要性，它是我们民族崇尚自然的审美趣味的一个重要方面。

二是自然山水的艺术美中强调得其神似。艺术家之师法山川、造化、自然，并非机械地、刻板地、了无生机地摹写自然山水，而是要表现出山水的天然生机和精神意趣。晋宋时期的山水文学模山范水，"巧言切状，如印之印泥""曲写毫芥"（《文心雕龙·物色》）虽以自然山水为表现对象，但却与中国古代所崇尚的自然美不相凑合。包恢在强调"身亲履、目亲见"的同时，要求"不徒得其粗迹形似，当并与精神意趣而得"。这一山水的"精神意趣"，就是司空图所说的"离形得似"。司空图非常形象地指出："如觅水影，如写阳春。风云变态，花草精神。海之波澜，山之嶙峋。"（《二十四诗品·形容》）可见神似虽不离形似，但却高于形似。自然山水本身是一个充满生机且充分体现造化自然之道的整体。艺术的任务不是改造自然，而是表现自然。艺术家"参天地之化育"，在与自然同体的物我合一中直觉并表现出自然山水的天然生机和精神意趣。《五灯会元》载有惟信禅师的这样一段禅语："老僧三十年前未参禅时，见山是山，见水是水；及至后来，亲见知识，有个入处，见山不是山，见水不是水；而今得个休歇处，依前见山只是山，见水只是水。"这里谈到的三种山水境界就是三种不同的自然观造成的。不知是有意还是巧合，大学者钱钟书也提出了古代学术思想上的三种天人关系，"人事之法天，人定之胜天，人心之通天"。惟信禅师所说的第二种山水境界"见山不是山，见水不是水"，与钱钟书的"人定之胜天"相同,强调人对自然山水的改造,这是西方文化所强调的,而与中国传统文化的山水自然大异其趣。第一种境界"见山是山,见水是水",是"人事之法天"的结果,是人对自然山水的一种被动的、照镜子式的反映,以这种自然观来进行的山水创作,必然只能得其形似。而真正体现了中国文化山水自然观的是由"人心之通天"而至的"依前见山只是山,见水只是水"的悟境,它强调人与自然山水的直觉合一。在身与物化的直觉合一中,对自然之真妙悟自得。只有这样,才能即物即真,自然得天趣,充分表现出自然山水的天然生机和精神意趣。这样而达到的自然,就与法国19世纪作家左拉所倡导的纯客观、实验和记录式的自然主义艺术大相径庭了。

三是在表现具体的山水景象的直观自然这点,作为不同艺术表现媒介的诗与画有着明显的优劣之分。本来,"草木敷荣,不待丹碌之采;云雪飘飏,不待铅粉而白。山不待空青而翠,凤不待五色而綷"天机自然的生动图景,以色彩、线条来表现就已使自然本色褪色,画中之山水就不如自然之真山水了,而以语言文字来表现就更"隔"了一层,更难以直接呈现了。因为"画者,形也"(叶燮《赤霞楼诗集序》),"画者,画也,度物象而取其真"(荆浩《笔法记》)。绘画以色彩、线条为媒介,它们更接近自然原貌。绘画艺术是诉诸形相直觉的,它能达到意象的直接呈现。洪迈在《容斋随笔》里写道:"江山登临之美,泉石赏玩之胜,世间佳境也,观者必曰'如画',故有'江山如画''天开图画即江山''身在画图中'之语。"这些"如画"之赞,正是对绘画表现自然山水的直观图景的优势的肯定。反观诗、文,则以语言文字为表达媒介,而语言更具人为色彩,它是人类思维的表现形式。文字作为抽象符号,"具有落入一般的倾向"。以语言文字为传达媒介的诗文是一种诉诸想象、思维的艺术,它最多只能达到意象的间接呈现,而与自然真实世界容易造成一种"隔"的感觉。正是有见于此,从庄子"天地有大美而不言"的"无言独化"的自然观开始,中国古代美学家对语言一直采取不信任的态度,认为它是一种不得已的表达方式。而超越语言的逻辑因果程序,达到"不落言筌""不知有所谓语言文字"的"无语"境界,也就成为文学艺术高超的标志。

在中国美学思想中,成为崇尚自然的审美趣味的重要美学范畴的"直寻"以及后来王国维提出的"不隔",只有在作为语言艺术的诗歌中才提出,而在绘画中则不存在这个问题。因为"直寻""不隔"所反对的卖弄学问、堆积典故、落入逻辑思维圈套这些诗文创作中的问题，在绘画创作中几乎是不存在的。而它们所肯定的自然感兴所达致的直观、具体、生动的自然形象，很容易在绘画艺术中达到。艰难的美是一种最高的美，正因为文学语言容易落入人工巧作，较之绘画更难达到自然，因而中国人也就格外珍视并努力在以语言文字为媒介的文学中提倡自然。

第二章 近现代西方美学的先进成果

西方近代美学是在西方近代社会急剧变革中形成的。从文艺复兴时期开始,在欧洲许多国家中,资本主义经济在封建社会内部逐渐成长。特别是在1500年以后,随着海外航行和地理大发现,西欧国家的海外扩张大规模展开,通过海外殖民掠夺和贩卖奴隶,西欧各国财富迅速增加,从而极大地刺激了西欧本土经济的发展和资本主义生产关系的逐步形成。发生于16世纪的西欧"商业革命"和"价格革命",以及从16世纪到18世纪不断开展的"圈地运动"等,有力地推进了资本主义原始积累的进程。进入17世纪,直到18世纪,西欧资本主义迅速向前发展。这场发生在西方近代的"经济革命",最终改变着全部上层建筑,使西方思想文化包括美学的发展进入一个崭新的历史阶段。

一、西方近代美学思潮及其特点

西方近代美学的奠基者是西方近代哲学的始祖——培根和笛卡尔。从他们开始,西欧近代美学发展出现了不同的思潮、倾向和派别,它们或主要在一国形成和发展,或在多个国家发生作用和影响。各美学思潮、倾向和派别之间既彼此对立和区别,又相互影响和联系,从不同角度、以不同方式对美学的各个基本问题做了全面而深刻的探讨。同时结合时代的实践和需要,提出和解决了一系列新的美学问题,阐明了许多新的美学观点、概念和范畴,从而极大地丰富了西方美学思想,不仅推动了美学作为一门独立学科的建立,而且为形成西方美学完备的理论体系打下了基础。

17世纪,在法国形成和发展起来的新古典主义文艺潮流代表了当时欧洲文艺的最高水平,从而对欧洲文艺发展产生了广泛而深远的影响。伴随着这一文艺潮流和创作实践而形成的新古典主义美学也因此成为17世纪欧洲最为人瞩目的美学思潮之一。法国新古典主义文艺与当时中央集权的君主专制政治和笛卡尔理性主义哲学有密切关系。其作品宣扬个人利益服从封建国家的整体利益；宣扬理性至上，把理性作为文艺创作的最高标准；着重描写一般性的类型人物，强调各种文学体裁的界限，要求艺术形式完美。和新古典主义文艺实践一样，新古典主义美学思想也是在法国专制王权的影响下，在笛卡尔的唯理主义哲学的基础上形成和发展起来的，其主要代表是高乃依和布瓦洛。如果说高乃依是法国新古典主义戏剧美学思想的创始人，那么布瓦洛就是法国新古典主义美学思想的集大成者。高乃依着重论述了悲剧的社会功用和目的、悲剧题材和悲剧人物，同时，对古代悲剧理论中的净化说和"三一律"等问题做出了自己的解释，可以说是对他本人和新古典主义戏剧创作实践的一个理论总结。布瓦洛的《诗的艺术》被认为是新古典主义的法典，它以理性作为出发点，对新古典主义文艺的衡量标准、创作原则、形式规则、体裁类别及作家修养等进行了全面的论述和总结，涉及文艺与自然、美与真和善、理性与情感、典型与类型、内容与形式等重要美学问题。总的说来，法国新古典主义美学具有双重性，一方面，它反映着封建宫廷贵族的审美趣味和文艺理想，具有保守性；另一方面，它在一定程度上反映了时代对文艺新的要求，具有一定进步意义。它所提出的有关现实主义的创作主张，有利于推动文艺反映时代现实，但它将某些古典主义的形式规则奉为一切文艺的金科玉律，则有碍文艺随时代而发展，所以后来受到启蒙运动美学家的反对和批判。

　　17、18世纪的英国作为欧洲先进国家，其哲学发展也处于领先地位。由培根奠基的英国经验主义哲学成为欧洲近代两大基本哲学派别之一。和经验主义哲学同时形成的经验主义美学，开辟了西方近代美学发展的一个新方向，成为西方美学从古代向近代转换中最早形成的美学思潮之一。英国经验主义美学的代表人物较多，包括培根、霍布斯、洛克、艾迪生、舍夫茨别利、哈奇生、霍姆、荷加斯、雷诺兹、休谟和伯克等。其中，舍夫茨别利和哈奇生受到剑桥柏拉图主义思想影响，而雷诺兹则受到新古典主义思想的影响。如果我们将培根、霍布斯和洛克看作是英国经验主义美学的奠基者，那么，休谟和伯克则可以看作是英国经验主义美学的集大成者和总结者。英国经验主义美学将美学研究重点由审美客体转向审美主体，将审美经验或美感问题的研究提到首要地位，并从感性经验出发，着重从心理学和生理学的角度，对审美经验做了新的阐释，提出了"内在感官"学说和"趣味"理论，对审美能力或趣味的性质和特点、趣味的心理构成因素、趣味的普遍标准与个别差异，趣味形成的先天因素和后天因素等进行了全面探讨，促进了西方美学研究对象和研究方法的变化。同时，它在经验论哲学基础上，结合时代发展，对美、崇高、悲剧等重要美学范畴做了新的探讨，对于诗与想象、艺术与摹仿、艺术与道德等艺术哲学问题也提出了许多新观点。这些新思想、新观点不仅显示出英国经验主义美学的启蒙性质，而且对法、德启蒙运动美学和稍后的德国古典美学都产生了直接的、重要的影响。当然，由于经验主义美学片面强调审美的感性特点和情感作用，忽视理性作用，在心理和生理研究中脱离了人的社会实践，因而也具有许多局限性。

和英国经验主义哲学的形成差不多同一时期，在欧洲大陆形成了理性主义哲学。与此相伴随，也形成了理性主义美学。正如经验派和理性派是16—18世纪西欧各国哲学的两个基本派别，经验主义美学和理性主义美学也是这一时期西欧美学的两大基本倾向和思潮。理性主义哲学和美学的主要代表人物产生在法、荷、德等欧洲大陆诸国。除了笛卡尔是理性主义哲学也是理性主义美学的创始人外，斯宾诺莎、莱布尼茨、沃尔夫和鲍姆加登等也是理性主义美学的主要代表人物。布瓦洛的美学实际上也是理性主义美学。理性主义美学家主要从先验的理性原则出发研究美学问题，对美的本质和来源着重从其理性基础上寻求解答，试图用"前定和谐""圆满性""完善"等理性观念来解释美的存在。他们或者把人的审美能力看作是先天的良知良能，或者把审美活动看作是一种不同于一般理性认识的特殊的认识形式，力图将审美活动归入认识论的范围，确立美学在认识论体系中的地位。因此，他们也较为忽视想象、情感等心理因素在审美和文艺活动中的重要作用。理性主义美学和经验主义美学既互相对立，又互相促进，共同推动了西方近代美学的发展。但由于理性主义美学片面强调理性，注重理性演绎，也和经验主义美学一样陷入片面性。

18世纪在法、德两国兴起的启蒙运动，是反对封建统治、破除宗教迷信的思想文化运动。在这场思想文化运动中，启蒙运动美学作为其中的组成部分发挥了重要作用。从整个发展来看，启蒙运动美学家几乎是启蒙运动中重要的思想家、哲学家，他们的美学思想是和启蒙运动整个思想倾向紧密结合的，因而启蒙运动美学具有反封建、反神学的鲜明倾向，充满着启蒙理性精神。启蒙运动美学的主要代表人物有法国的伏尔泰、卢梭和狄德罗，德国的温克尔曼、莱辛和赫尔德，其中尤以狄德罗和莱辛两人成就最为卓越，影响最为巨大。启蒙运动美学家基本上是站在唯物主义哲学立场，有些直接受到英国唯物主义经验论的影响。他们从唯物主义观点来研究和阐明美学问题，对美的本质理论、艺术本质和创作理论、诗学、戏剧和绘画理论等做出了新的卓越的贡献。狄德罗的"美的关系"既肯定了美的客观基础和根源，又指出了人的主观对美的认识的作用，是以唯物主义观点解决美的本质问题的崭新尝试，对反对和批判唯心主义美学起了重要作用。狄德罗和莱辛把唯物主义运用于观察文艺问题，创造了符合时代要求的崭新的现实主义美学和艺术理论，对艺术和现实的关系、艺术的真实性和典型性、艺术想象和虚构以及艺术的倾向性和社会作用等问题做了精辟论述，从而使西方的现实主义艺术理论提升到一个新水平。此外，狄德罗和莱辛建立的市民剧理论，莱辛通过诗画比较建立的新的诗学理论，对于扫除古典主义文艺的羁绊，促进适应资产阶级要求的文艺的形成，也起了巨大的推动作用。由于启蒙思想家的唯物主义具有机械的、形而上学的性质，并且以普遍、抽象的人性来观察和分析社会历史问题，所以他们的美学思想也具有与上述问题相关联的弱点。

二、西方近代美学思潮的主导精神

17、18世纪西欧产生的上述主要美学思潮是西方近代思想文化的一个组成部分。西方近代文化的核心价值观念与中世纪文化的根本区别在于它所倡导的理性精神。所谓理性，在西方文化中有多重意义，从哲学认识论来看，它是用以表示进行逻辑推理的认识的阶段和能力的范畴；从社会思想上看，它是指人人具有的普遍人性，合乎自然、合乎人性即为理性；从宗教神学看，理性是指有别于信仰的人类理智。康德认为启蒙运动就是人类脱离自己所加之于自己的不成熟状态。"要有勇气运用你自己的理智！这就是启蒙运动的口号。"恩格斯也指出，在启蒙运动中，"思维着的悟性成了衡量一切的唯一尺度"，"一切都必须在理性的法庭面前为自己的存在做辩护或者放弃存在的权利"。这是对近代启蒙理性精神的最好注释。

这种理性精神既是对文艺复兴以来人文精神的继承和发展，也是随着自然科学的兴起而出现的科学精神的体现。和近代西欧资本主义经济和社会生产力的发展相伴随，近代西欧的自然科学发展取得了惊人的成就。近代欧洲的科学革命和经济革命是同时发生的。"欧洲的科学革命在很大程度上应归功于同时发生的经济革命。近代初期，西欧的商业和工业有了迅速发展……这些经济上的进步导致技术上的进步；后者转而又促进了科学的发展和受到科学的促进。"17、18世纪欧洲一系列的科学发现推进了近代科学革命，在许多重要领域都产生了伟大的科学人物，如开普勒、伽利略、牛顿和波义耳等。科学的发展和它带来的新概念不仅对近代哲学发生了深刻的影响，而且广泛影响了近代思想的形成。"近代世界与先前各世纪的区别，几乎每一点都能归源于科学。"英国著名哲学家罗素说："通常谓之'近代'的这段历史时期，人的思想见解和中古时期的思想见解有许多不同。其中有两点最重要，即教会的威信衰落下去，科学的威信逐步上升。旁的分歧和这两点全有连带关系。近代的文化宁可说是一种世俗文化而不是僧侣文化。"他又说："科学的威信是近代大多数哲学家都承认的，由于它不是统治威信，而是理智上的威信，所以是一种和教会威信大不相同的东西……它在本质上求理性裁断，全凭这点制胜。"由此不难理解人们为什么将欧洲这段历史时期称之为"理性的时代"，也不难看到，科学战胜宗教、理性代替信仰正是西方近代文化发展的主流。以启蒙精神为核心的西方近代文化，其主旨就是要在对神学批判的基础上，从根本上恢复理性的主导地位，弘扬理性精神，把理性精神变成人生存在的思想根基和行为准则。

这种理性精神深刻地渗透于近代欧洲哲学中。在17、18世纪的欧洲哲学中有着唯物主义和唯心主义、经验论和唯理论等各种派别的分野，但各派在提倡理性、限制信仰上有一致性。这一时期哲学的发展有两个明显特点，一是新兴的资产阶级哲学反对经院哲学和传统宗教神学成为哲学发展的一个主要内容，这一方面是政治上反对封建势力的需要，另一方面是发展自然科学的要求；二是认识论在哲学发展中占有十分重要的地位，哲学的注意力集中在认识主体与认识客体的关系方面，这也和自然科学的发展密切相关。因为自然科学的发展一方面向哲学提出在认识论和方法论上加以指导的要求，另一方面使哲学家们对科学认识方法和研究方法做出哲学上的概括具有了可能。在认识论的探讨中，形成了经验论和唯理论两种倾向或派别。两派虽有区别，但在强调人作为主体的认识能力——理性上则是共同的。培根等人的经验论哲学是以尊重和颂扬人本身所具有的认识能力，即与盲目的信仰相对立意义下的广义的理性为前提的。正因为如此，威尔·杜兰在《世界文明史》中称培根是"理性的司晨者"，并将其置于"理性时代的先驱地位"。笛卡尔认为理性是人生而有之的良知，即正确辨别真假的能力。从广义上说，理性是与盲目信仰对立的；从严格意义上说，理性是不同于感觉的高级认识能力。他的唯理论哲学认为理性是知识的源泉，只有理性是最可靠的，他运用自己所制定的理性演绎法建立起理性主义哲学体系。18 世纪的法国唯物主义者和启蒙思想家对理性原则做了进一步的发挥，他们把理性当作人的本质，认为理性就是人的自然性、合理性，凡是合乎自然、合乎人性的就是理性，并把是否符合理性当作衡量是非、善恶和美丑的根本尺度。到了德国古典哲学，康德把人的认识能力分为感性、知性、理性三个环节，认为理性是认识的最高阶段。黑格尔从唯心辩证法思想出发，认为理性是最完全的认识能力，也是思维和认识的最高阶段，他在批判包括康德在内的前人的理性主义的矛盾的基础上，建立了一个无所不包的理性主义体系。

西方近代美学是在西方近代哲学的直接影响下形成和发展起来的，因而，主导近代哲学发展的理性精神也必然主导着近代美学的发展。17、18 世纪和启蒙运动时期的欧洲美学尽管有法国新古典主义美学、英国经验主义美学、大陆理性主义美学、法国和德国启蒙运动美学等诸种美学思潮、派别的分野和更迭，但主导各种美学思潮和派别的人文精神就是理性精神。法国新古典主义美学的基本精神是"理性"至上，把理性作为文艺创作的基本原则，认为文艺创作只有从理性出发才能获得光芒和价值，理性是构成普遍人性的核心，文艺需摹仿自然，表现普遍人性。英国经验主义美学的基本原则是充分肯定人的认识能力，重视人的感觉经验对美学研究的作用。和中世纪神学美学用思辨将美归结为来自彼岸的上帝完全相反，经验主义美学家通过感性经验的归纳，论证了美的现实存在，认为美既与对象的某种性质和特性相关，又依赖于人心的特殊构造和功能，是人可以认识和把握的。经验主义美学高度肯定了人作为审美主体的作用，把审美主体感受和鉴赏美的能力的研究放到突出的地位，提出了培养和提高人的审美能力的途径和方法，并将审美、艺术与道德、教育紧密结合起来。大陆理性主义美学的基本出发点是先验的理性能力，把理性看作是人类普遍具有的判别是非、善恶、美丑的良知良能。理性主义美学家在理性基础上构建美的本质，明确提出美学的目的是感性认识自身的完善，是教导人们以美的方式去思维，审美虽属于感性范围，但却具有类似理性的性质。法国和德国启蒙运动美学用理性作为衡量一切的尺度，对不合时宜的新古典主义美学进行批判，将唯物主义运用于美学，认为文艺要真实地反映生活，同时作家要发挥想象、虚构、典型化的能动作用，使作品达到真、善、美的统一，对人起到教育和改造作用。所有这些美学主张，充分体现了以人本精神和科学精神为支柱的现代理性精神，显示了近代美学的时代特色。

三、西方近代美学思潮中的两种基本倾向

17、18世纪西欧美学发展的一个显著特点是受到哲学认识论转向的影响，贯穿着经验主义与理性主义两种倾向的对立这条基本线索。如上所述，由于在实验自然科学基础上对认识论和方法论问题的深入而具体的研究，17、18世纪的哲学家普遍地把自己的理论建立在反省思维的基础上，从而使这一时期哲学思想的发展中认识论占有显著和重要的地位，认识主体与认识客体的关系问题成为哲学探讨的主要问题。这标志着西方哲学的发展产生了一次被称为认识论转向的重要的转折，哲学研究的重点从本体论转向认识论。这不仅推动西方哲学的发展进入到一个新的阶段，也使西方美学赖以建立的哲学基础产生了重要变化。如果说美学以前主要是属于本体论，现在则主要是属于认识论，即认识论学说的一部分。围绕认识论，西方近代哲学形成了经验主义和理性主义两派的对立，两派之间及两派内部在关于认识对象、认识主体、认识的起源和途径以及认识的方法等问题上存在分歧和争论。这两大哲学倾向和派别的对立和争论也渗透到美学研究中，直接影响到近代美学的发展，使17、18世纪西欧美学发展沿着经验主义和理性主义对立的基本线索而展开。不仅英国经验主义美学和大陆理性主义美学直接反映了两派思想、观点的对立，而且法国新古典主义美学和法国、德国启蒙运动美学也受到两派思想、观点的影响。

从认识论本身来看，经验主义和理性主义两派的对立和争论首先集中在认识的起源和途径问题上。经验主义认为一切知识都起源于感觉经验，人心原本是一块"白板"，认识必须先从感觉经验开始，然后才能由感觉经验引申出理性知识，因而理性知识必须以感觉经验为基础。理性主义则认

为感觉经验没有普遍必然性,因而具有普遍必然性的理性知识不能来自感觉经验而只能来自理性本身,即来自理性本身固有的某种"天赋原则"或"天赋观念"。他们虽然承认人的日常知识大都来自感觉经验,但却否认理性知识须以感觉经验为基础。以上即是经验派与理性派在认识起源和途径问题上的不同答案,也是划分经验主义和理性主义这两大流派的主要标准。至于两派在认识方法上的分歧则是受认识起源和途径问题上的分歧所制约的。经验派肯定了认识必须起源于感觉经验,在认识方法上必然重视经验的归纳法;理性派肯定理性知识不能起源于感觉经验而只能起源于理性本身,在认识方法上也就会强调理性的演绎法。

近代美学发展中,经验主义和理性主义的对立正是奠基于两者在认识论的基本主张、基本原则上的分歧。经验主义美学家或受经验主义影响的美学家,其基本特点是强调从感性经验出发研究和解决各种美学问题,在方法上重视经验的归纳;理性主义美学家或受理性主义影响的美学家,其基本特点是强调从先验的理性原则出发研究和解决各种美学问题,在方法上重视理性的演绎。在美的本质问题上,经验主义者重视美的感性特点,强调从审美对象的感性性质和形式因素以及审美主体的愉快的情感体验中来解释美。比如,英国经验主义美学家亨利·霍姆和荷加斯提出了形成美的对象的各种形式要素;休谟认为美的本质是对象的某种性质适合于主体的心灵结构而引起的愉快情感,简言之,美即愉快;伯克认为美是指物体中能引起爱或类似情感的某些性质,这些性质是单凭感官去接受的对象的感性品质。与此不同,理性主义者重视美的理性基础,强调从先验的理性原则出发去寻求美的普遍内容和形而上的意义。又如,莱布尼茨认为美在于世界的秩序、和谐,它来自上帝的理性和对世界的预先的安排——"前定和谐";斯宾诺莎认为美与圆满性是统一的,所谓圆满性就是实在性,即事物的本质和必然性,事物的圆满性与否,决定于事物的本性,与人的愉快感觉无关;沃尔夫和鲍姆加登都把美定义为"完善",所谓完善,就是指事物符合它按本质所规定的内在目的,也就是对象所体现的目的和意义,虽然这种完善是指感性认识的完善,它需表现于感性形象,但它必须具有理性基础。

在美感和审美主体问题的认识上,经验主义和理性主义也存在明显分歧。由于西方近代哲学发生的认识论转向,认识主体问题在一定意义上成为17、18世纪哲学的一个中心问题。伴随着哲学研究重点的转变,西方近代美学的研究重点也由对客体的美的本质的探讨转向对主体的审美意识、审美经验的分析。这在经验主义美学思潮中表现得尤为突出,使对美感活动进行心理学和生理学的分析成为经验派美学的一个基本特点。"审美趣味"或"鉴赏力"成为18世纪美学的一个核心概念,以至于有的美学史家将18世纪称为"趣味的世纪"。围绕着对审美主体的意识活动的分析,经验派和理性派各自从不同出发点,提出不同看法。经验派认为美学属情感研究领域,不同于一般认识论,所以着重应用心理学和生理学的观点分析美感经验,强调在美感中感觉、联想、想象、情感和本能等因素的作用。比如,艾迪生认为美感是一种来自视觉对象的"想象的快感",它来源于伟大、新奇和美的事物,具有直觉特点;休谟认为趣味和理性具有不同的功能,理性传达关于真与假的知识,趣味则产生关于美与丑的情感,前者具有客观性,后者则具有主观性、创造性;伯克认为审美趣味是由感官的初级快感、想象力的次级快感以及推理官能的经验三部分组成的,但他强调感官和感觉是一切美感的来源,想象力和情感是美感中最活跃的因素。经验派美学家中还有的指出,"内在感官"是美感的特殊的主体来源,它是一种既不同于外在感官又不同于理性思考的审辨美丑的直觉能力。理性派美学家虽然也不否认美感与情感的联系以及审美趣味和理解力的区别,但他们主要是在认识论的框架内考察美感活动,即主要是分析美的认识活动的特点。比如,莱布尼茨认为审美趣味不同于理解力,是一些"混乱的知觉",是一种"既是明白的又是混乱的"观念;鲍姆加登认为美学是低级认识论,是研究感性认识的科学,美是感性认识的完善,即由感官认识到的完善,所以审美活动自然是属于低级认识即感性认识的活动。理性派美学家中也有人认为审美是属于理性活动的,如笛卡尔就主张分辨美丑的能力来自先天的理性,审美和文艺虽然离不开想象和感性,但本质上是理性活动。上述不论哪种看法,都是把美感当作一种认识。

在文艺观点和主张上,经验主义或受经验主义影响的美学家同理性主义或受理性主义影响的美学家之间存在着更多分歧,涉及文艺标准和创作原则、文艺中理性与情感的关系、普遍性与个别性的关系以及内容与形式的关系等重要问题,如在理性主义哲学观点直接影响下形成的法国新古典主义美学的代表人物布瓦洛,主张将理性作为文艺的最高标准和创作的基本原则，强调文艺的真和美都必须依靠理性、符合理性，文艺应摹仿由理性统辖的、和真理一致的自然，即自然的普遍性、规律性，尤其是普遍的人性；主张作品塑造类型化的人物和性格，忽视人物的个性特点；轻视内容而过分重视形式技巧，把一些形式技巧凝固化、刻板化，当作永恒不变的尺度和规范。而受到唯物主义经验论影响的法国启蒙运动美学的代表人物狄德罗则与新古典主义美学原则针锋相对，主张把真实、自然作为对艺术创作的基本要求和衡量艺术作品的基本标准，把真实地反映现实作为艺术的首要任务，认为艺术的美在于"形象与实体相吻合"，与艺术的真实性是统一的。艺术的摹仿对象不是新古典主义者要求的理性统辖的自然，而是原始的、粗犷的、动荡的自然；作品中的人物不应当是类型化的，而应当既具有某类人物普遍特点，又具有个性差异；艺术的真实不同于哲学的真实，应重视想象、虚构和情感的作用；艺术的形式、体裁、技巧等应随时代生活和文艺内容的变化而变化、创新，不应固守新古典主义将之凝固化的某些形式、体裁和法则。

总之，在17、18世纪各种美学思潮、派别和各种美学理论、学说中，我们都可以看到经验主义和理性主义两种倾向的影响和对立。正是这两种倾向的分歧和对立，使美学中形式与内容、感性与理性、特殊与普遍、主体与客体这一系列对立面的矛盾十分尖锐地暴露出来，而寻求这些对立面的辩证统一也就成为近代美学进一步发展的必然要求和面临的主要课题。因此，将两种倾向和潮流汇合起来，将上述对立面调和统一起来，便是后继的德国古典美学要做的主要工作。

康德是承担这一历史任务的第一人，他企图在"先验综合"的基础上来调和经验主义和理性主义，并从哲学、伦理学、美学三方面来实现这个目标。在美学上，康德既不满意经验主义的美即愉快的观点，也不满意理性主义的美即完善的观点，而是企图通过批判将两者结合起来，提出了美感虽是一种感性经验却具有理性基础的思想，形成了美的理想在于感性与理性的统一的观点。按照康德的分析，审美判断是对象形式适合主体认识功能，使想象力和知性这两种认识功能可以自由活动而引起的一种愉快感觉，它不涉及欲念和利害计较而本身又是令人愉快的；不涉及概念而又涉及"不确定的概念"；没有明确的目的性而又符合目的性；虽是主观的、个别的却又有普遍性和必然性。康德对于审美判断上述一系列矛盾或二律背反现象的分析，以及他在美的分析、崇高的分析和关于艺术、天才论述中提出的相互矛盾的观点，充分说明他比前人更深入地认识到审美问题的复杂性和审美现象中的许多矛盾对立，并试图使对立双方达到调和统一。但康德美学实际上是沿用了理性主义的形而上学的方法，侧重于先验理性的分析，所以并没有也不可能真正将经验主义和理性主义统一起来，而只能达到二者之间的调和。尽管如此，通过康德美学，我们可以看到西方近代美学所提出的最复杂的矛盾问题，从而得到西方美学史上最为丰富和深刻的思想启发。

　　美学是一门古老的学问，毕达哥拉斯、柏拉图都探讨过美。经典的西方美学著作在谈到美的本质时，往往分成两大类：一类从物质和外在说明美；另一类从精神和主观说明美。从美学本身的定义，科学作为理性的结晶就很难被早期的美学所关注，18世纪哲学家 Francis Hutcheson 的理论为科学美研究开辟了道路，他"把美这个词看作在我们头脑中引起的观念，把美感看作我们获取这一观念的能力"。

　　德国古典美学结束后，欧美各国相继产生的美学思想和流派的总称。这些思想和流派在发展过程中受到不同哲学思潮的影响，也与近代科学的发展直接相关。它们在研究途径上运用了社会学、心理学等方法，在研究对象上逐渐由探讨美的本质转向探讨审美经验。

　　叔本华从其悲观主义的哲学出发，认为只有在主体摆脱了生存意志的束缚，上升为纯粹的不带意志的主体时，方能获得审美能力。他用"自失"一词来表征个体失去意志、直观者和直观融为一体的状态，从而把审美和艺术活动看作是使人从生存意志的现实苦海中解脱出来的静观，强调审美静观是没有意志的、脱离一切其他关系来观察事物的一种纯客观的审美态度。叔本华认为，由于科学只研究现象界的规律，而艺术直指现象界后面的物自体意志，因而艺术高于科学。他认为音乐和所有其他艺术都不同，旋律本身就是意志的形象，比其他艺术具有更为动人的力量。

　　F.W.尼采把叔本华的生存意志发展为权力意志，认为科学与道德阻碍生活，而艺术发扬生活、肯定生活。尼采在《悲剧的诞生》中提出了两种基本的艺术类型，即阿波罗艺术和狄奥尼苏斯艺术。阿波罗（日神）精神俯瞰人生，把宇宙人生当成梦境、意象去赏玩，希腊的雕塑与史诗是典型；狄奥尼苏斯（酒神）精神则在狂歌醉舞中忘记人生的苦恼，从而感到生命的酣醉和欢悦，希腊的舞蹈和音乐是典型，这两种不同的艺术都能支配人，迫使人趋向梦的幻觉和酒的放纵。

在《作为权力意志的艺术》中，尼采认为艺术本质上是对存在的神化，是肯定，是祝福。悲剧并不教人听天由命，因为悲剧中的可怖事件本身就已体现了艺术家的权力本能和雄伟气魄。艺术展示痛苦的人生，其目的并不在于求得精神的解脱和平静，而在征服恐惧和怜悯之后，在巨大的不幸和最高的牺牲面前保持永久的欢愉。尼采比以往任何一个哲学家都强调艺术创造的非理性状态，在叔本华把天才与疯狂做了联系之后，尼采把艺术天才看作是神经官能症的一种形式。

德国美学在这一时期较为发达，出现了许多著作，提出了一些新的学说，包括T.李普斯的移情说，赫巴尔特、齐麦曼等人的形式主义美学等，但都没有足够的哲学深度。

B.克罗齐是20世纪初影响较大的意大利哲学家，他将美学定义为研究直觉和表现的科学，认为美和艺术是主体心灵将先验的形式赋予混乱的感受和印象的产物。这种主观唯心主义的"直觉即表现说"，通过R.G.柯林伍德在英、美等国得到广泛的传播。

H.柏格森认为整个世界是体现"生命冲动"的一种"创造的进化过程"的精神过程，同时引申出了他关于美的理论。比如，笑是人们对"镶嵌在活的东西上面的机械的东西"的一种反应，每当人们在语言举止中被发现有这种机械的东西时，就会产生笑，社会借笑来对机械笨拙的行为加以纠正，以符合生命力的流动本质。柏格森对笑做了独特的解释，但未能对笑何以能产生快感做出合理的说明。

布洛（1880—1934）于1912年提出的"心理距离说"是现代传播甚广的观点。他认为一种特殊的、被称之为"心理距离"的审美态度，能使一般的对象成为审美对象。布洛以海上遇雾的航船为例，说假如人们能摆脱对危险的恐惧，以一种与现实保持心理距离的态度把周围的雾看作是层半透明的帷幕，它就能成为审美对象。如果人们站在个人目的和需要之外，去"客观地"看待眼前的对象，那么对事物客观特征的反应就会得到强化，任何一个对象都能审美地被感受。布洛认为心理距离是一种心理状态，距离太近或太远都会丧失这种心理状态，而对于每个人和每种具体事物而言，审美经验的产生都需要一个适当的距离，这个距离因人而异、因事而异。

为了确证"距离说"的科学性，一些布洛的追随者曾对心理距离做过一些实验，企图完成一种"最佳"距离的测定工作，但未获得结果。

近代美国，以 J. 杜威的实用主义美学最为重要。杜威在《艺术即经验》中强调当今美学的任务在于恢复艺术与人类经验之间的联系。杜威反对把审美经验与日常经验做严格的划分，反对自康德以来对智力领域（科学）、实践领域（行为）和审美领域（艺术）所做的划分，他认为任何一种经验只要它达到完美，就具有审美的性质。杜威认为审美经验之所以与智力的道德的经验有区别，并非在于它排除了利害关系的欲望，而在于这种欲望与知觉经验合二而一，达到了知觉本身的一种完美的境界。在杜威看来，艺术之所以与日常生活相分离，并不是因为自身的原因，而是由于美术馆或音乐厅所赋予艺术的那种象征意义，造成生产者与消费者之间鸿沟的那种力量同样造成了日常经验与审美经验之间的分离。因此，想从审美经验中去寻找艺术问题的答案是不可能的，这种答案只能在日常生活经验中才能找到。杜威一方面沿袭了传统美学，认为美学是美的艺术哲学，声称艺术品必须首先是审美的，艺术的产生过程是和知觉中的审美部分有机联系的；另一方面，他又想写一部包括人类各种活动领域在内的艺术哲学，不得不把艺术分为"美的艺术"和"其他艺术"。这样。当他指责那些在实用艺术和美的艺术之间建立"美"的区别的人是错误的同时，就陷入了自相矛盾。

在欧洲大陆，现象学、存在主义是现代哲学的重要流派。M.海德格尔批评传统的美学思想把艺术作为对象而揭示其美的特性，要求从存在关系上把握美学、艺术。在海德格尔那里，主体是一切问题的中心，他认为艺术的本质在于"使存在者的真理在作品中确立"。在这里，存在的真理并不是指认识与事物的一致。作品之为作品是意味着确立起一个世界，即在作品中展示出人的存在的真理，正是因为揭示了人的真实的存在，作品才成为作品。

K. 雅斯贝尔斯认为真正的艺术在于显现人的存在，他把艺术分为两种，一是单纯作为美的理想的特定表现的艺术，一是通过可视的对象显现超越性存在本身的形而上学的艺术。他认为伟大的艺术是指后者，现实存在的人面临"界限状况"和"挫折"才能获得自己。因此，雅斯贝尔斯把悲剧看作是存在主义艺术的典型。

J.-P. 萨特在早期著作《想象力》(1938)、《想象的东西》(1940)中分析了艺术作品中的存在主义特点。萨特认为，想象所具有的独特机能即是自由创造性，这种自由创造性建立起了与现实世界不同的世界。对萨特来说，美只有通过自由意识才能成立，对作品的美的判断就是公众认识作家的自由，作家的创作活动则是向公众发出自由的呼吁。

在存在主义流派以前，新康德主义在德国占有中心地位。E.卡西勒是新康德主义的主要代表之一，他认为人是进行符号活动的动物，符号中存在着精神的意义和作为这种意义载体的形式。艺术是一种符号形式，它像其他符号形式一样，有着双重的内涵，它是一种物质的呈现，又是一种精神的外观。艺术中的意义就是形式，艺术中符号形式所起的作用虽然也是一种认识的作用，但这种作用是通过直觉而不是通过概念，是通过情感而不是通过思想。和科学一样，艺术也是一种发现，科学家发现规律，艺术家发现形式。

美国的S.K.朗格（1895—1981）是卡西勒的学生，他坚决否定艺术的自我表现说。在《哲学新解》《情感与形式》《艺术问题》等著作中，朗格一再强调艺术作为"表现符号"的形式是人类普遍情感形式的表现，并认为"艺术是人类情感的符号形式的创造"。朗格认为符号有两种，一种是推理符号，一种是情感符号。前者如概念语言，是符号系统，而表现符号却没有符号的全部功能，它的意义就在于自身，因而无法用推论语言去复述。诗虽然也包含有推理的成分，但作为一个整体，它是一种情感的、非推理的表现。朗格区别了符号和记号，认为仅仅指明一个事实的是记号，而能给想象的静观提供形式的是符号。艺术是情感的符号而不是事实的记号。一个记号能使我们去注意被它所规定了的事物或情况，而一个符号却能被理解为当一个观念呈现时，我们所能想象的一切东西。

在现在英、美哲学中占统治地位的是分析哲学，而语义分析美学是分析哲学在美学领域中的扩展。它并没有提出任何正面的美学或艺术理论，而是对"艺术"和"美"等概念做了语义上的分析。

在L.维特根斯坦早期的著作《逻辑—哲学论》中，仅两处谈到"美"的问题，一处说，哲学中的绝大部分命题和问题并不是假的，而是无意义的，无论善与美有多大的同一性，它们都属于这类问题；另一处说，伦理学是不能表述的，它是先验的，而伦理学和美学是同一种东西。在维特根斯坦看来，美学和伦理学一样，都是不能表达的，什么是美一类问题是没有意义的。根据维特根斯坦后期的"家族类似"理论,"艺术"的性质如同"游戏"一样,不可能发现它有什么共同特质,充其量在各种艺术中存在着一些相似因素而已。这个语词的意义只在于它的用途和使用。在《美学、心理学和宗教信仰讲演和对话集》中,维特根斯坦认为"美"只是一个形容词,它和感叹词"啊"一样,本身并无确定含义,甚至可以用一丝微笑或摸摸肚子代替这个词的含义。

一些语义分析美学家认为维特根斯坦哲学给当代美学提供了出发点。M.韦兹认为在各种艺术之间只有一种"家族相似",因而不可能对什么是艺术下一个行之有效的定义。"艺术"一词在绝大多数情况下只是对某种事物所表示的一种赞叹而已。问题并不在"艺术是什么",而在"艺术是属于哪一种类概念",在美学中首要的问题是去阐明艺术概念的实际使用以及对怎样正确使用做出描述。比如,"希腊悲剧"可以是封闭性概念,它的意义已不再变异,而"悲剧"则是处在不断变异中的亚概念。语义分析美学虽然提出了一些新问题和新方法,但它所自称的任务在于肃清语言使用上的混乱,结果可能把美学的研究对象乃至美学本身也一起肃清了。

当代在欧洲大陆流行,也在美国得到传播发展的是解释学美学。"解释学"一词来源于古希腊,意思包括"讲述"、"说明"和"阐释",归结起来可理解为"做解释"之意。

现代解释学开始于德国的F.D.E.施莱尔马赫(1768—1834),他规定解释学作为"理解的艺术",其任务在于解决一种"解释上的循环"。这种循环是理解一部作品总是通过作品中的句子,而理解作品中的句子又要依赖于对整个作品的理解,在这个意义上,解释学被看作是一种方法论。

W.狄尔泰发展了这种方法论的解释学,他认为,"理解与解释总在生活本身之中",只有从历史的理解方式中才可以确认我们的方式。狄尔泰把美学看作是解释学的一个重要方面。解释学的原理就是把握基于作品解释之上的生活的结构。对文学作品意义的解释总是根据解释者所处的不同的历史条件。海德格尔使解释学由一种方法论的认识变为一种本体论和一种研究存在本身的哲学。他认为,从本体论意义上说,理解就是存在的本质。H.-G.加达默尔继承海德格尔建立起了解释学美学。他认为,解释学美学的"任务就是理解作品所说的意义及使这种意义对我们和其他人都清晰化"。根据加达默尔的观点,对作品意义的理解属于一种读者与作品的"对话"过程，这种对话是由建立在传统之上的人类生活的历史整体所规定的，只有在这个对话过程中，作品意义才被创造出来。加达默尔指出，一部作品的意义，总是由解释者的历史背景，即由历史客观进程的整体决定的。理解不是一个复述的过程，而是创造的过程。加达默尔认为，作品意义是由作者与读者共同分担的。

美国的 E.D. 赫什提出了与加达默尔不同的观点，他认为，作品意义只能是作者意向表达的意义，因为作品意义与作品的意义的意义是不同的。作品意义是作者通过作品文字表达出来的意向意义，这是一种不变的意义；而作品意义的意义却是作品意义与读者或作者的关系。作者在不同时期对自己作品的不同解说只是反映了他同自己的作品意义的一种关系。他认为，如果不把作品意义规定为作者意向，就不能发现真正的作品意义，也就不会有真正有效的解释。

法国的 P. 里科尔提出，"理解一部作品就是理解在这部作品面前的我自己"。他不同意加达默尔所提出的理解作品意义是读者与作品互相"对话"的观点。里科尔认为，作为自主性的作品与交谈是不同的，交谈是属于提问与回答的交流，而作品中作者与读者之间并无这种交流，所以，对作品意义的解释只是"主体开始理解自己的一种自我解释"。德国的 H.R. 姚斯在加达默尔解释学美学的基础上，于 1980 年开创了接受美学。他提出作品意义的解释是以一种作为初步性理解的主体审美感知为先决条件的。

西方近现代美学日益趋向多元化和专门化，关于作品分析、艺术评论、审美心理的实证研究愈益增多，出现了实验美学、社会学美学、形式主义美学、格式塔心理学美学、精神分析美学、现象学美学、结构主义美学等美学流派。

20 世纪的西方美学主要经历了三次大的转向，第一是心理学转向，第二是语言学转向，第三是文化学转向。20 世纪初的美学最显著的特征可以概括为形而上学的消退、艺术自律性发展、科学主义的兴起。19 世纪的美学理论是在一些哲学上的大体系的阴影中存在的。自从 18 世纪鲍姆加通、康德等人建立美学体系以后，美学成了哲学的一个分支。在康德之后，谢林、黑格尔、叔本华等人试图在一些哲学体系中对艺术进行阐释。这些大体系的建造者都面临着一个共同的任务，或者实际上在做着同样的一件事，即在哲学体系为艺术和审美划分出一块独立的领地，从而论证艺术存在的独立价值。从历史上讲，这种活动是具有重要意义的。当艺术从其他人类活动中独立出来，从整体上放弃其实用性，成为一个独立的精神部门时，需要在理论上对这种自律性进行论证。一个实用性行业的存在，并不需要理论论证，因为它的实用性就为它的存在提供了理由。一位铁匠打了一把锄头或一把刀，并不需要理论来确立他的活动的正当性和必要性，只要他的产品有实用的价值就可以了。画家画一幅画，如果是画神像，或为人画肖像，也无须发展出一种理论来说明它的存在的理由。它的存在价值也是由它的实用性提供的。认为人类活动之间有着某种共同的东西，有足够的理由认为它们属于同一类之时，在理论上进行论证的需要就出现了。19世纪的许多艺术理论都是在证明这一点，当然，证明这一点是很困难的，需要巨大的理论努力，哲学和美学在这种努力中发展起来，起着支撑这些证明的作用。19世纪的美学理论，在赋予艺术这种特殊的魅力，或给它罩上特殊的光环，使它具有神圣性和神秘性的同时，也开始将艺术家看成是一些特殊的人。在这个时代，作家和艺术家的创作个性进入了研究的视野，而人们开始觉得，作家和艺术家的个性，他们的特殊生活和创作习惯，以至于他们的生活和创造道路，他们的个人传记，都是一些值得特别注意的东西。一个工匠是怎样学艺，怎样度过少年和青年时代，读过哪些书，受过谁的影响，并不能进入研究者的视野。注意艺术家的这些特点，说明艺术的地位在发生变化。值得写传记的人，就已经是一个非凡的人。艺术家的传记还不仅具有一些外在的意义，既满足于一般读者对名人身世的兴趣，又具有帮助人们理解艺术作品，甚至说明艺术作品的本质的意义。这本身是一种艺术研究的进步，这种发展与浪漫主义兴起有关。

心理学的转向是20世纪初的一股大潮流，早在19世纪末，就出现了一些被称为"自下而上"的美学追求，希望美学能够告别大体系，从审美与艺术现象出发。到了20世纪，这种倾向进一步发展，美学与艺术研究者不再从哲学体系推导对于艺术和审美现象的结论，而是从心理学寻求答案。"心理距离说""移情说"等就是在这样的背景下产生的。这些学派从20世纪初叶一直到20世纪中叶，都对美学与艺术理论的教科书起着重要作用。心理学转向究竟能走多远？究竟能为文学与艺术的研究做多少事？这是20世纪前期美学与艺术理论界普遍关心的问题。"心理距离说"和"移情说"还只是运用内省的方法，与当时的心理学发展并不同步。在此之后，"精神分析"的兴起对于文学艺术的研究产生着深远的影响。在艺术中,更为直接的影响来自格式塔学派。美学中的科学主义精神,对于理论家们是一种诱惑,这种诱惑促使他们走出一些形而上学的大体系,这具有积极的意义。但是,一些当时并不成熟的科学手段被强行与艺术研究扭在一起,对于研究并不一定能起积极的作用。

美学的语言学转向是在心理学的转向之后一个更为重大的事件。20 世纪常被哲学家们说成是语言学的世纪,就是为了说明语言学的广泛影响。如果说,心理学的转向具有取代一些大的形而上学体系的特点的话,语言学在这方面起着更为重要的作用。在语言学的转向中,起着最重要作用的是一个叫索绪尔(Ferdinand de Saussure,1857—1913)的瑞士人。在他死后,他的学生根据讲稿和讲课笔记整理出版了《普通语言学教程》(1916)一书,为 20 世纪的一些重要语言学、哲学和美学思想奠定了基础。这本并不厚的书中提出了一系列极其重要的思想,成为语言学、哲学和美学等各学科的一个新的出发点。这本书的一个最为重要的思想是"没有离开语言的思想,没有清晰的语言,就没有清晰的思想"。语言并不表达一个内在的思想,我们正是用语言来思考的;思想并不处于语言背后,而是处于语言之中。用索绪尔的话说,语言与思想正像一张纸的正面与反面,我们是不能将一张纸的正面切开而不切开反面的。这一个看似简单的思想,却具有革命性的意义。在文学艺术的研究中,这种思想启发我们不应从作品之外来寻找作品的思想,一部作品的思想就处于作品之中。作家与艺术家是在创作作品之时,创作出了与作品形式同在的作品的思想,而不是先有某种思想,再寻找一个形式将它表现出来。于是,对于文学艺术研究者来说,重要的不再是研究艺术家的传记,也不是他们的创作心理,不是离开作品去研究作家与艺术家可能的思想,而是研究作品本身。作品是一个客观的研究对象,它自身具有意义。对于作品接受者来说,重要的已经不是作家、艺术家所叙述的作品的意义,而是作品实际具有的意义,这就是许多中国理论家所说的作品本体。应该指出,这里的"本体"一词,是一个很容易引起误解的词,它不是西方的"本体论"意义上的"本体",不是我们通常所说的作为最终实在的"存在",不是康德的"物自体"或"本体",而是在"作品的意义何处寻"意义上的"本体"。在文学理论中,我们常常说的俄国形式主义、布拉格学派、法国结构主义,符号学及英美新批评等,都具有一个特点，即回到作品本身，对作品进行细读，实际上都从属于这个倾向。这些流派，有的是在索绪尔的理论直接影响下产生的，有的则间接受益于索绪尔理论的影响所形成的理论局面。文学理论和批评中的这种倾向必须以一个条件为前提，即艺术是自律的，艺术并非生活的直接反映，它自成体系，自我满足。如果说心理学派仍以作品以外的人的心理活动，即创作者与接受者的心理活动为研究对象的话，那么，语言学的转向强调，只有艺术作品本身才能成为研究的对象。这些流派研究的对象各不相同，有的研究诗的语言与日常生活的语言的不同之处，说明怎样实现"陌生化"，怎样回到作品文本本身，克服"意图谬误"与"感受谬误"；有的研究作品本身的结构，并讨论作品的叙事模式。在美学史上，20世纪中叶出现了在维特根斯坦哲学影响下产生的"分析美学"，这个在一段时间内占据着统治地位的美学流派致力于讨论一些文学艺术批评中的概念，即进行概念的分析（美学成为元批评）。与语言学转向相伴的是西方艺术的现代主义时期。一些美学与艺术理论家面临着一个巨大的困难，艺术已经既不是再现，也不是表现了，怎样解释抽象艺术的出现？怎样解释一些挑战既定艺术概念的"艺术品"的出现？一些分析美学家们接受了这个挑战，提出艺术体制论、艺术界等概念。但是，面临越来越多的问题，美学家感到越来越难解释。艺术已经不再是原来所设想的那个样子了，于是，一些理论家们提出了"艺术终结论"。这个思想的根源是黑格尔与马克思关于艺术的思想。

在20世纪末，美学、文学与艺术的研究出现了一个新的潮流，这就是我们常说的文化学转向。在20世纪60年代，一些在语言学影响下发展起来的美学和文学艺术理论流派占据着主导地位时，西方的美学与文学艺术理论就开始酝酿着一些根本的变化，到了20世纪末，这些新的潮流终于占据了主导地位。产生这种变化的原因是多种多样的，有内部原因，也有外部原因，但从根本上讲，是由于这样三点：第一，作为研究对象的文学艺术本身的变化；第二，理论模式的变化；第三，世界经济政治格局的变化。在20世纪的前期，康德以来的审美无功利与艺术自律的模式尽管一直受到人们的挑战，但其根本地位并没有动摇。美学上的语言学转向不但没有动摇艺术自律的意识，反而由于其文本中心主义加强了这种意识。本来，先锋派艺术是以挑战艺术自律的姿态出现的，但出现于20世纪20至30年代的一些先锋派（一般被称为历史上的先锋派，以区别于20世纪60年代以后出现的新先锋派），实际上并没有威胁艺术的存在。反艺术的挑战，刺激了人们对艺术存在形式和条件的反思，促进了理论的发展，使这一时期出现的一些新的理论更加具有弹性。20世纪60年代以后的新先锋派则与此相反，它已经不再挑战艺术概念，而是成为艺术概念的维护者。与此不同的是，在这个时期，另一些艺术现象带着更为巨大的力量，在静悄悄地摧毁已有的艺术概念。它们不像先锋派那样发表一个又一个的宣言，而是利用市场的力量、艺术欣赏群体的变化、科学技术带来的人的欣赏习惯的变化，改变了艺术的生产和流通的总体格局。受这方面影响最为明显的是理论研究者对通俗文学和艺术态度的改变。

通俗艺术过去一直存在，它们不是艺术理论家研究的对象。长期以来，艺术有着"雅"与"俗"之别，对于理论研究者来说，"雅"的艺术才是艺术，才能进入理论家的视野，"俗"的艺术并不构成理论研究的对象。这种情况在20世纪后期有了很大的改变，理论家不再对通俗文学与艺术持鄙视的态度，这些艺术成了合法的研究对象。与通俗艺术对精英艺术的冲击相比，更为严重的是，文学、绘画、音乐等艺术门类都受到前所未有的挑战。市场和技术使艺术生产中出现了重新洗牌。电视、网络、现代音像技术排挤了人们的阅读时间，也就挤掉了文学生存的空间。这时，一个新的课题出现了：图与词之争会给文学带来一个什么样的未来？将我们的视野跳出对文学这个艺术门类的关注，未来的艺术会是什么样子？文化产业的发展会怎样改变艺术的创作、制作、流通和接受的状况？这种已经出现的潮流，由于经济的全球化，文化产业在全球范围内的竞争，变得更加猛烈。经济因素与社会、政治、文化因素相互影响，普遍主义的经济思维模式与多样性的文化思维模式在相互作用，使文学艺术理论面临着一个更为复杂的现实，从而对理论的生产提供了更多的制约因素。在20世纪后期，文学艺术的理论和批评模式也在发生变化，这些理论和批评模式包括后结构主义、后殖民主义、女性主义、新历史主义等。

在美学上也出现了后分析美学、审美文化批判、日常生活审美化研究、环境和生态美学研究等。这些研究中有着多种多样的倾向，其中比较重要的有来自法兰克福学派的文化批判思路，法国艺术社会学思路，英国文化研究学派，以及美国的新实用主义。如果要在这纷繁复杂的各种流派之中寻找一个主要倾向的话，可以说，艺术自律的思想遭遇到新一轮的挑战。

许多文学艺术的研究者不再关注作品的审美特征，也就是说，人们不再关注一部作品是否是一部好作品的问题。本来马克思主义的艺术观就是强调艺术与社会生活的关系，与艺术自律和审美无利害的观点是格格不入的。后现代思潮所强调的文化的多样性，后殖民主义所强调的不同文化之间的差异性，都在质疑一个普遍主义的美学观。

美学价值并不是简单地被定义为"美"或者"丑"，而是去认识美的本质。柏拉图的本质论说明了美的本质是要经过思考，要用心灵才能体悟出的。一般人只是在现实中感受、谈论、把握着具体的美，而美学家却应该思考、体悟、把握具体美物后面永恒的美的本质。没有美学，人一眼皆知美是什么；有了美学，人皆知自己一眼所见之美不是美；懂了美学就懂了美的后面有一个美的本质。

第一节　西方美学的科学精神

科学精神源于人类在追求真理的过程中所形成的理性思维与实证传统，它在科学技术实践中不断丰富其内容，并在不断升华和传播中发挥巨大的作用。美国科学社会学家默顿认为，科学精神的主要内容表现在四个方面，即普遍性、公有性、无私利性和怀疑精神，还有学者归纳为求实精神与创新精神，怀疑精神与宽容精神。科学精神是科学本性的展现和延伸，它是科学的根本和灵魂。科学精神是一种观念，是一种思想，也是一种精神品质。科学精神也是一种文化，而且是一种高尚的文化，是文化内容的核心。

默顿给出科学精神的四个特点。第一，科学精神具有 universalism，被译作普遍主义，亦有人译作普世主义，普遍主义的直接表达方式是真理。也就是说，科学是真理，真理与种族、国籍、宗教、阶级和个人品质无关。是赤裸的，科学探索就是追求真理。第二，科学精神具有 communism，被译作"公有性"，意指科学不是个人的财产，而是与社会性的尤其与科学共同体密切相关。即便以个人名义命名的学说、定律，也不是个人财产。牛顿名言清楚地表达了科学的这一性质："如果我看得更远些，那是因为我站在了巨人的肩上。"第三，科学具有 disiter-estedness，译作无私利性。所谓无私利性，既不等同于利他主义，也与利己主义行动无关，它是"求知的热情、无尽的好奇心、对人类利益的无私关怀"的产物。准确地说，科学不是利益的产物，而是出于求知和好奇，是为知识而知识，这同样是单纯地追求真理的结果。第四，科学具有 organized skepti-cism，被译作"有条理的怀疑主义"，是借助专业知识、逻辑和经验对现有的知识进行质疑，这种精神就是笛卡尔的普遍怀疑的精神。"我只求专门研究真理，所以我想，我的做法应当完全相反，凡有疑窦的意见，统统认作绝对的虚假，加以排除，看看心中是否还剩下什么不可怀疑的东西。"笛卡尔的普遍怀疑是一种方法，是为寻找真理服务的。通过普遍怀疑，一旦发现确凿无疑的东西，便是发现了真理。科学的本性是求知，求知即是寻求真理，科学精神最精要的内涵是追求真理。默顿提出的科学的精神气质，归结起来就是科学是寻求真理，不是出于功利目的，而是为求知而求真理，真理与身份、种族、等级等无关。

西方科学精神的发展既要呈现科学精神的要素生成和结构形成的时代性，也要呈现科学精神的要素扬弃和结构变革的历史性，它是一个辩证运动的文化历史过程。

在希腊古典时期，希腊人有着广泛的民族交往和特殊的自由民主氛围。正是在这种文化背景中，泛希腊地区发展出自然哲学—宇宙论、宇宙论—物理学、数理—几何证明、辩证法和修辞—逻辑等理性模式，最终诞生了集大成者亚里士多德的哲学和自然知识体系。继之而来的希腊化时期，由于广泛的实用工具发明和技术实践，既促进了技术领域数学理性的成长，也促成了自然研究向观察—实验视界的靠拢，从而产生了阿基米德这位理性精神与实验—实证精神相结合的古代科学精神典型。

在中世纪早期，西方基督教世界在自然智慧方面几近一贫如洗，只是在理性方面基督教神学部分地继承了古希腊的理性精神遗产。到中世纪中期，由于希腊遗产的大量传入和与之相伴而生的大学兴起，自然哲学成为建制化学科；希腊怀疑和批判精神的复兴，导致一些教士和大学学者将自然世界观与圣经世界观分离开来。在中世纪中晚期，由于技艺经验的累积、炼金术士实验实践的孕育和数学理性的复苏，实验精神终于缓慢生发出来，形单影只地出现罗吉尔·培根这位将数理理性与实验精神紧密结合的近代科学的中世纪先驱。中世纪清教主义的发展也塑造了学者淡泊功利、诉诸理性和学术自由的伦理精神。

文艺复兴时期是数学地位提升和实验活动兴起的重要时期。随着实用数学的复兴、艺术家—工程师的工程技术实践和自然魔法师的观察—实验技术实践，以及与之相伴而来的观察—实验工具的发明和使用，在智力领域形成注重实践和实验的实验主义倾向。一波又一波的地理大发现，不但促进了传统博物学领域的蓬勃发展，也拓展了西方人的视野，使得他们征服自然的信心迅速膨胀起来。

近代科学的诞生先是一场观念变革，哥白尼革命将人类放逐到宇宙的边缘，伽利略革命彻底打破自然知识领域传统的自然哲学模式，创造并示范了新的科学实验传统、以追究事物之量的数学关系为目标的研究纲领，以及将实验与数学相结合的科学方法。随着弗兰西斯·培根式经验主义的兴起和笛卡尔式近代理性主义变革，近代科学方法论逐渐成形。在自然科学家和科学活动家的努力下，科学共同体不断发展壮大，从而引发近代科学革命，同时将自然科学打造成现实的文化存在类型。这一文化类型向西方世界展示了知识追求的新范式——牛顿示范的数学理性主义与实验主义相融合的科学方法，展示了科学精神气质的新境界——近代科学家群体所践行的、包含制度化设计和伦理规范的理性主义与实证主义相结合的近代科学精神。

近代科学革命在很大程度上是启蒙运动的诱因，在这场张扬理性主义的运动中，近代科学精神不断得到锤炼、完善和强化。以百科全书派为突出代表，这场运动也传播、普及和弘扬了近代科学精神。新型学院、现代大学的兴起和传统大学的学科体系变革，根本上实现了自然科学在学科建制上的制度化，随之而来的是科学家的职业化，以及科学研究活动在自立、自主和自由等方面的加强和深化。从18世纪末开始，在实验手段发明和科学理论创新的交互作用下，西方科学的发展步伐呈现出明显的加快趋势，形成了相对完备的自然科学体系。新的科学理念、科学方法和科学制度导致了化学和生物学领域的科学革命，伴随这一过程的是科学精神的不断进化和丰富。

随着近代物理学理论体系的扩展，经典力学范式的自然观、科学观和方法论事实上已经成为物理科学乃至整个自然科学发展的羁绊。在19世纪和20世纪之交，以批判学派为代表的哲人科学家敏锐地看到科学新理论与旧体系之间不相容的本质，进行了全面而深刻的历史反思和哲学批判，引领了现代自然观、科学观、方法论乃至科学精神的新趋向。从批判学派到爱因斯坦，他们以哲学批判思维，以科学的人文主义和人文的科学主义新旨趣及人性新境界，展示了现代哲人科学家新形象；他们的哲学思想和科学实践，全面展现了现代科学精神"实在弱化，主体凸现；理性主导，经验趋淡；理论暂定，真理相对；科学价值，难以分开；科学自律，平权对外"的新气象。

巴什拉认为，科学的发展是一种建构过程，其本质是理性关系的进步。科学的精神特质是在一定的社会结构中发展起来的。按照默顿的看法，科学在不同的社会结构中都会发展，但是，并不是所有的社会结构都有可能为科学精神的充分发展提供制度性保障。民主制度与科学精神有最高度的吻合，因而是科学精神的最佳搭档，制度保障是科学及其科学精神发展必不可少的前提。

科学一定是一种特殊思维方式的产物，一种特殊哲学的产物，说得更直接些，是机械唯物主义哲学的产物。我们可以这样概括，世界是物质的，物质存在于时间和空间之中，物质的运动是遵守规律的，而这些规律可以用数学和逻辑的方式精确表达出来，这就是整个近代科学建立的哲学前提。

第二节　西方美学的艺术内核

在许多人的心目中，科学与艺术是很不相干的，科学追求的是真、艺术追求的是美，一个是理性的演绎，一个是灵感的发挥，没有共通之点。其实，这是人们的误解。

古代的思想家把美与和谐画上等号。希腊古典时代的大哲学家们认为，美在于和谐，美应当是完美的。自然是美的，自然的规律也是美的，所以亚里士多德说，完美的天上物质构成的天体运动轨道必定是完美的曲线，而最完美的曲线，就是圆，所以所有的天体都是以圆轨道运行的。对比例和数字情有独钟的哲学家毕达哥拉斯进一步认为，整个宇宙就是一种和谐，就是一种数，在数字之间有着能够产生和谐关系的比例。

千百年来，这些观点深刻地影响了一代又一代的人，包括现代科学的两位奠基人波兰天文学家哥白尼和德国天文学家开普勒。哥白尼提出的日心体系理论带动了近代科学思想的一场革命，在哥白尼的理论里，地球、土星、木星、火星、金星和水星一起绕着太阳转，它们的轨道都是圆。按古希腊哲学家的观点，宇宙应当是和谐的，而和谐的轨道应当是对称的，具有最大对称性的运行轨道是圆。另一位大天文学家开普勒进一步从和谐对称的原理来确定这六个行星的轨道，他用几何学中除了球体之外有着最大对称的几何体是正多面体的原理，利用自然界存在的五种正多面体，做出六个行星的圆轨道所在的球面，定出这些轨道。又由于和谐的要求，天体在这些圆形轨道上应当做匀速运动，这样就可以确定这些天体的公转周期，1596年开普勒把这些想法和结果写成专著。

在自然界，对称是一个很常见的现象，对称性分析能够把许多问题高度简化。但是，在这现象的背后有着极为深刻的内涵，它导致物理学中一个非常深刻的重大发现，就是对称性和守恒律的内在联系。不过如果只有对称，那么美术里只剩下图案，科学里也没有了许多学科；音乐里的情况也是一样，完全和谐的乐曲是没有表现力的。

在19世纪末，至少在物理学，似乎对和谐的追求已经达到极致。当时已知的物理现象都可以归纳到力学、电磁理论、热力学等高度完美的理论框架里。传统的完美起码要符合完整、清晰的概念，但是在新的物理学中情况却不是这样，传统的清晰性被新理论内禀的一种不确定性所代替，而完整性只有在统计和概率的意义上才能谈到，这使得爱因斯坦对《量子力学》进行毕生的质疑。

在艺术中，相应的变革来得稍稍早些，那就是由向对称与和谐的古典美挑战的印象派开始的新潮流。

在音乐领域中，印象派音乐的始创者德彪西的和声与旋律很快就征服了传统的听众，使他们领略到这个流派带来的前所未曾感受过的美。之后斯特拉文斯基作曲的芭蕾舞剧《春之祭》从一个新的角度描写了本来在自然就存在的现实，和谐与不和谐、对称与不对称都是客观存在的。

20世纪的科学与艺术经历了令人目眩的发展，从美的角度看，特点是远离了古典的对称与和谐，用科学的术语说，引入的不对称和不和谐的量越来越大。1957年，物理学家李政道和杨振宁提出一个理论说：并不是所有的对称性都被自然尊重，物理学家吴健雄精密的实验证明这是对的。于是，物理学中开始了一个研究对称性被破坏的新浪潮。研究的结果使科学家对于自然中对称性的深刻内涵有了进一步的了解,即对称性确定物体的运动方程,而对称性的破缺决定物体之间的相互作用。在这个基础上,一些物理学的基本理论——电磁现象和弱作用现象的理论及广义相对论显示出空前的、惊人的美。

在科学领域里,人们越来越多地听到了大爆炸、混沌、大爆发等新的词句。20世纪30年代,出现了宇宙起源的大爆炸理论,到了60年代,科学家直接得到支持大爆炸理论的观察证据。我们的宇宙在时间和空间上都不是永恒的,宇宙本身就是从大混乱中诞生,也可能最终走向一个大混乱的结局。虽然这个理论从根本上背离从古典时期到浪漫主义时期关于宇宙是最完美的艺术作品的概念,但这毕竟是客观实在。

是不是一切新的探索最终都归结到美呢?不一定。在科学中,一切探索最终要经受实验的考验,而在艺术上是时间的考验。如果它们确是被挖掘到的世界的一个新的方面,那它们是美的,美不能先验地规定,不过从美的观点来看,恰人的美和悲怆的美同样动人,同样有追求的价值。

文化精神是人体生命价值的内核,具体文化由这个内核"发光发热"而来。这个内核里包含着人的气质、个性、胸怀、修养以及对人生、社会、世界的价值判断。生命价值指人体蕴涵的创造性思维及其能量,创造性思维愈强,活动能量愈大,存在价值愈高。人类创造具体文化的动力在于文化精神内核这个动力源泉,没有这个动力源泉,人类不可能创造复杂多样的具体文化。

翻开西方美学发展史,几乎所有的名家都有一个自己的美学体系,而这些体系又是他们各自哲学体系的一个不可或缺的有机组成部分。体系的存在方式是明显的、豁然的,后代史家无须花多大气力便可把握其间构架及其发展脉络,同时形成了一个后学在前辈的基础上采取否定或扬弃,即含有某些包容的否定方式建构新体系的学术传统。西方美学的这种存在方式和发展模式从古希腊时代就已经开始,而在德国古典美学之中表现得最为鲜明。古希腊时代,至少从柏拉图开始,我们就可以从他的《大希庇阿斯篇》《理想国》《伊安篇》《斐德若篇》《会饮篇》等几部主要论著中看出他的美学体系的总体轮廓是以理念论为基础的美论,以回忆说为基础的美感论,以影子摹仿说、迷狂说和教化说为主体的艺术论。柏拉图的这个美学体系恰恰是在审视考察而扬弃了他以前包括他的老师苏格拉底在内的种种美学思想体系以后才构筑起来。同样,他的学生亚里士多德的美学思想体系也是在批判了老师的哲学美学思想体系的基础上重新建构起来的。亚里士多德的美学思想体系不仅在《形而上学》《政治学》《修辞学》等几部主要著作中表现了出来，他还写出了专门的美学著作《诗学》，从而把自己的美学思想体系简明扼要地展示在世人面前。这便是以四因论为根基的美论，以心灵论为根基的美感论，以真实摹仿说、认识功能说和净化说为骨架的艺术论，全面与柏拉图的美学思想体系相对立、相补充。从此便形成后代美学家各以两位古希腊贤哲为祖师的现实主义与反现实主义的两大美学思潮。自从鲍姆加登命名了美学，使美学独立发展以后，西方美学的鲜明的体系存在方式及以批驳扬弃的模式演进的特点就更加显而易见了。康德的"批判哲学"缺少了判断力批判美学和目的论，就必然在现象界与物自体之间留下不可逾越的鸿沟，无法自我圆满。

黑格尔的"绝对哲学"离开了"理念的感性显现"的美和艺术哲学，就会使绝对理念的自我矛盾运动在经历了逻辑阶段、自然阶段、主观精神阶段、客观精神阶段以后，无法回归到自身，使其哲学总体的圆圈无法封闭完成。费希特的"自我哲学"和谢林的"同一哲学"，离开了美和艺术及艺术哲学，同样无法完成各自的体系大厦。同时，从康德奠基到黑格尔集大成的德国古典美学的发展也是具有其内在的合乎逻辑的否定扬弃的过程的，正是在这个否定扬弃的过程中，德国古典美学经历了"康德—费希特—席勒—谢林—黑格尔"的序列，逐步由主观唯心主义和外在的辩证法演进为客观唯心主义和内在的辩证法，从而形成了西方美学发展史上独立形态的第一个高峰，并引起从三个不同方面的批判扬弃而形成了19世纪中期以至20世纪的发展主流，即俄国革命民主主义美学、马克思主义美学、现代资产阶级的人本主义美学和科学主义美学，20世纪20年代以后又形成了马克思主义美学与现代资产阶级美学对峙发展的主流态势。

第三节　西方美学的思辨传统

对现实生活最有功利价值的科学，在它的发端处却不是出自功利的欲求。在西方美学的视野中，科学首先是作为一种探求世界本原、安顿人类心灵的文化而存在，其次才是我们今天所理解的"第一生产力"。也许，对科学抱有的功利性期待越多，距离真正的科学也就越远。今天，我们回顾古希腊思辨传统与西方科学精神的关系，正是要重新审视科学得以发展的文化土壤，从只把科学视作工具而一味应用的局限中走出来，向人类永不停息的探索精神、永不枯竭的思维源泉致敬。

一、闲暇和诧异

西方的自然科学是从古希腊的自然哲学中分离出来的，西方的科学精神也由古希腊的哲学思辨传统直接塑造。亚里士多德曾经归纳过进行哲学思辨的两个条件，一是闲暇的时间，二是诧异的眼睛。在这里，"闲暇"是前提，如果一个人终日为生计奔波，是没有心情来研究哲学的。当时，古希腊拥有比其他任何民族都要发达的奴隶制，贵族因此享有充分的闲暇。而绝大部分的古希腊哲学家都是贵族出身，他们不必为生计操劳，因此才能专门从事纯粹思辨的活动。正如罗素在《西方哲学史》中所说的："无论人们对于容许奴隶制存在的社会制度怀有怎样的想法，但正是从上面那种意义的君子那里，我们才有了纯粹的学问。"

哲学是贵族的精神，哲学家也是精神上的贵族。在亚里士多德看来，求知是人的本性，哲学家研究哲学不是为了经世致用，而是因闲暇而沉思，因沉思而诧异，因诧异而求知，因求知而满足。"不论现在还是过去，人们只是由于诧异才开始研究哲学，他们起初对眼前的一些问题感到困惑，然后一点点地推进，提出较大的问题。"

能够利用闲暇从事哲学思辨，是古希腊人的特殊之处。古希腊贵族崇尚的高尚活动是战争、游猎和思辨，而思辨造就了一批职业哲学家。从词源学上看，西文的"学校"（School）是由希腊文"闲暇"派生出来的。学校是柏拉图之后哲学家们活动的主要场所，他们在此研究和传授知识。由于哲学在古希腊是一门独立而崇高的职业，所以，这里的哲学家不像印度哲学家那样属于僧侣阶层，也不像中国哲学家那样属于官宦阶层，而是属于自由的贵族阶层。哲学的这种职业化倾向反过来又促进了希腊民族思辨精神的发展，结果形成了希腊民族特有的静观、思辨的性格，这种性格在一定程度上使古希腊造就了高于周围民族文化的科学理论。比如，埃及人虽然最早从经验中总结出几何测量规则，但古希腊人却在此基础上构造出几何学的演绎体系；巴比伦人虽然早就开始了天文观察，但古希腊人却利用观察材料提出了天文学的思辨理论。

二、自由与真理

古希腊哲学家对思辨生活的态度体现了古希腊人对心灵自由的追求。拉尔修在《明哲言行录》中记载说，最早使用"哲学家"一词的是毕达哥拉斯，当弗里阿西亚的僭主勒翁问毕达哥拉斯是什么人时，他回答说："一个哲学家。"他继而解释说："在生活中，一些奴性的人生来是名利的猎手，而哲学家生来就是寻求真理的。"在这里，毕达哥拉斯明确地将哲学家归到了自由人的行列，从而也就把自由和真理联系在了一起，即哲学是一门为知而知、为思辨而思辨的学问，它以真理为最终归旨，而不服从于任何物质利益和外部目标，因而是唯一自由的学问。

按照这种理解，纯粹的理智思辨正是通向心灵自由和真理之路的不二法门。对于思辨的主体而言，哲学家进行的是纯粹理智的活动，这种活动不但不需要借助外在的经验，还要摆脱外在的经验束缚，否则，这种活动就不再是"纯粹心灵的"了。而对于思辨的内容而言，哲学家追问的问题，或者是纯粹理智的思维诡辩，或者是普遍、无限、超验的终极性的问题，都无法在现实生活中得到回应和验证。但是，正是这种在今天看来与现实生活完全脱节、毫无实际效用的哲学思辨，却构成了科学的最初形态，也成了推动科学发展的不竭动力。比如，古希腊哲学家提出的第一个哲学问题就是世界的本原是什么。这个问题不但在提问方式上是以认识论的形式提出的，而且在内容上是超越经验的。最早对这个问题进行回答的是伊奥尼亚学派的泰勒斯，他认为，水是世界的本原。据后来的亚里士多德说，泰勒斯之所以得出这个结论，大概是基于两方面的考虑：首先，他观察到万物都以湿的东西为养料，热本身就是从湿气里产生的，靠湿气维持；其次，万物的种子都有潮湿的本性，而水是潮湿本性的来源。

在今天的我们看来，这种对本原问题的猜测非常荒唐，甚至非常可笑，但是，这并不意味着以泰勒斯为代表的那一批古代哲学家是幼稚的。因为真正推动科学进步的并不是对"世界本原"这个问题的具体回答，而是对这个问题的持续追问。事实上，对于无限的世界而言，任何具体的回答都不可能具有普遍的意义，因为人凭肉眼很难对世界得出超越经验的结论，即使得出结论，也很可能是一种推测或者思维跳跃，很容易被推翻或证伪。我们仅能够看到世界的一部分，无法看到整个世界，而"世界的本原"这个问题，恰恰是对整个世界发问的。在这里，经验是无效的，唯有靠人的思辨。正因为此，后来的西方哲人和科学家都在孜孜以求地探究着世界的统一性问题，从而推动着科学在不断证伪的过程中逐渐走向昌明。同时，追求真理而不占有真理，也成了塑造西方文化传统的科学精神。

三、有用与无用

古希腊的思辨传统一开始就表现出了浓厚的超功利特征，但这种超功利的取向反而为西方带来了巨大的物质财富和先进的技术文明，可谓无心插柳柳成荫。

关于泰勒斯，有个故事，有一天，他边走边思考问题，不慎跌倒在水坑里。一个婢女嘲讽他说："真可笑，你连身边的事都看不到，却总是想天上的事。"泰勒斯一时竟无法反驳，后来，他用实际行动驳斥了那个庸俗的婢女。他夜观天象，知道来年的橄榄将获丰收，便事先租赁了当地全部的榨油坊。果不其然，橄榄丰收了。于是，泰勒斯将榨油坊高价出租，获得了一笔巨大的利润。亚里士多德对此曾有精彩点评："哲学家如果想赚钱的话，是很容易做到的，但他的兴趣并不在这里。"而黑格尔的评语更是毫不客气："只有那些永远躺在坑里，从不仰望高空的人，才不会掉进坑里。"

正是这种为思辨而思辨、为求知而求知的精神，演绎出了西方"智"的传统。当然，古希腊时期也曾经出现过以智慧谋求功利的现象，但却没有成为正统。比如，在古希腊中期，西方历史上曾出现过一个带有明显功利化倾向的思潮——智者运动，这里的智者，专指那些以传授智慧为职业，并在公众事业中有所成就的人。他们虽然是有智慧的人，但却不是爱智慧的人，因为他们传授智慧的目的是要培养能够在政治活动中获胜的人才，同时向学习者收取学费。对他们来说，智慧仅仅是用来满足功利目的的手段，这遭到了后来柏拉图和亚里士多德的强烈批评，柏拉图把此类智者斥为"批发或零售精神食粮的商人"。

四、有限与超越

在古希腊时期，对哲学思辨的崇尚之所以最终升华为一种对科学真理的不懈追求，还在于古希腊人对人性本质的理解以及对生命价值的态度。这就意味着，带有浓厚科学探索意味的哲学思辨不仅是少数贵族哲学家把玩的思维游戏，而且是一种能为人提供安身立命之所和个体生命价值的文明路径。

从这个层面上讲，西方意义上的科学本身就是文化传统的重要组成部分。

伊甸园的神话就是一个富有象征性的文化隐喻，这个故事告诉我们：由于偷食禁果的原罪，人将永远受到沉重肉身的羁绊。柏拉图也比喻说："人的灵魂本来就属于上天的精灵，'那时它追随神，无视我们现在称作存在的东西，只昂首于真正的存在'，可后来，灵魂坠入了肉体，依附于躯体，因此而遗忘了过去的一切。"因此，人生的意义根本就无法在现实的此岸世界里实现，而只能依靠"灵魂"的力量到形而上的彼岸世界中去探求。前者是有限的，后者才是永恒的，人生的意义和价值就在于挣脱有限，进入永恒和无限。这种寻求和超越的姿态，不仅表现在以基督教为核心的宗教信仰中，还表现在纯粹的理智思辨中。

我们都知道，在现实世界中，无论怎么在白纸上摆弄圆规和直尺，都无法画出理想中纯粹的"圆"。用柏拉图的话来说："'圆的东西'并不是'圆'本身，只有停留在理性思维里，落实到抽象概念中的'圆'，才是完美无缺的。"相反，现实中一切圆的东西，由于受到物质材料的"污染"，总是有着这样那样的缺陷。与此相对应，我们眼睛看到的，耳朵听到的，鼻子闻到的，就是一个充满虚假和错误的世界，唯有理智和思维，才能让我们完全摆脱感性的束缚，进入到那个理想的纯粹世界。正如巴门尼德所说："能被思维者与能存在者，其实是一回事情。"思维和存在是同一的，一方面，唯有思维中的东西才是真正存在的东西，而我们感官所感觉到的东西都是一些将我们导入歧途的"意见"，不是"真理"；另一方面，所谓的"真理"，真正的存在，唯有通过智力活动才能达到，除此之外，别无他法。

至此，我们似乎可以理解为什么古希腊人如此热衷于抽象的哲学思辨了。因为，正是依靠纯粹的思辨，有限和无限之间才可以架起一座互相通约的桥梁，它不仅给人带来一种纯粹思维的乐趣，而且还是更深层次的安身立命。难怪德谟克利特说："发现了自然界的一个因果联系，比做波斯国的国王还要高兴。"亚里士多德也说："吾爱吾师，更爱真理。"

五、理性与非理性

轻感性、重理性的思维取向在促使理性科学在古希腊率先发达起来的同时，也潜在地侵蚀着理性科学得以确立的基础。因为理性无法证明自身的合理性，由此留下的空白，只能由非理性的信仰来提供支撑。正因为此，西方科学的发展，自始至终都伴随着宗教的庇护。非理性的宗教情感，看似是理性科学的天敌，而实际上也为科学的发展提供了动力。

维特根斯坦曾说："令人惊讶的不是世界如何存在，而是世界竟然存在。"科学知识的发展虽然能够令人类更加精确地描述世界，但却永远无法给出世界"为何如此这般"的正确解释。对此，人只能保持近乎神秘主义的敬畏和信仰。正如爱因斯坦所说："自然最不可理解的一件事情就是，它是可以理解的。"

这种神秘主义倾向早在古希腊科学发展中就初露端倪。比如，毕达哥拉斯学派就是一个以研究数学著称的哲学学派，但匪夷所思的是，这个学派也是一个有着各种荒诞禁忌的神秘主义宗教组织。毕达哥拉斯认为，世界万物的本原是数，而不是其他东西，数字和数字之间存在着神秘的和谐关系，而遵循数字关系构成的宇宙也处于和谐的关系中，就像音乐一般演奏着有节奏的声音。"数就是和谐，和谐就是美"，数学家的任务就是要去寻找和发现浩瀚宇宙中那种神秘的和谐关系，以体验造物主的神奇。正因为此，当毕达哥拉斯发现了直角三角形三边之间的和谐关系之后，他的信徒一度陷入疯狂，甚至杀掉了一百头牛来祭奠这个在当时根本没有任何实用价值的学说。

这种近乎疯癫的举动似乎切中了"哲学"一词的原初意义。"哲学"最早出自希腊文 philosophia，这个词由两部分组成，即 "philo-"（喜爱）和 "sophia"（智慧）。顾名思义，"哲学"就是"爱智慧"。柏拉图曾经借苏格拉底之口说："智慧这个词太大，它只适合神，而爱智慧这类词倒适合人类。""爱智慧"不是"有智慧"，更不是"求智慧"，而是对"智慧"抱有一种非理性的炙热情感。正如柏拉图所说，理性的最佳状态是一种疯狂，最高境界是一种称之为"爱"的情感。但是，无论是"爱"还是"疯狂"，都是靠一种神秘的直观和体验来实现的。颇具讽刺性的是，直观和体验恰恰是对理智的背离。就这样，当理智走到了尽头，无法为信仰提供支撑时，科学与信仰、理性主义与神秘主义就不期而遇了。毕达哥拉斯、柏拉图，还有后来的黑格尔，都是以理性思辨著称的哲学大师，可是，他们却都在自己学说的影响下集体走向了疯狂，疯狂地去爱，最终成了他们无法摆脱的命运。

即使在学说方面，智者与古希腊早期的自然哲学家的观点也迥然相异。

智者关注的焦点不再是对自然的思辨和对宇宙本原的思考，而是对人生和社会的辩论，他们的精力主要用于口头争辩，而不是著书立说。正因为如此，"智者"几乎成了"诡辩"的代名词，遭到了历代哲学家的鄙视，很快被打入了冷宫。而纯粹的理智思辨却登上了大雅之堂，不仅打造了西方两千多年的形而上学传统，而且直接成了近代科学的滥觞。

第三章　中西美学的融会贯通

李大钊曾将"调和"视为人生最理想的境界，他从美学的角度认识"调和"，称"调和者，美之母也"。他亦将"调和"看作是一种理性的表现，主张"要有容人并存的雅量，更要有自信独守的坚操"。在李大钊看来，营造调和之境，必须具备以下几个重要条件。其一，"言调和者，须知调和之机，虽肇于两让，而调和之境，则保于两存也"。其二，"言调和者，须知新旧之质性本非绝异也"。其三，"言调和者，须知各势力中之各个分子，当尽备调和之德也"。"宏其有容之性，节制之德"。其四，"言调和者，当知即以调和自任者，亦不必超然于局外，尽可以担于一方，亦未必加担一方，其调和之感化，乃有权威也"（《调和法则》，《李大钊文集》上）。

国内学界对西方美学的理解存在着两个明显的局限性，一方面是流行的中西美学二元对立的模式，使我们对西方美学做了高度简约化的理解；另一方面是时尚感太强，我们总是追逐西方美学快速翻新的理论浪潮，这不利于我们对西方美学做出合乎实际的全面把握，也妨碍了我们对中国美学西化过程中多元发展线索的理解。如果我们考虑到中国美学深厚的表现论传统，如果我们承认中国美学西化是一个多元选择和理论竞争的非线性演进过程，我们就会承认并认真梳理和反思这条逻辑线索，无论是对于还原中国现当代美学的丰富性，还是探索新中西美学融通的多样性，都具有重要学术价值和强烈的现实针对性。

20世纪80年代初，周来祥就中西美学的不同特质提出了自己的观点，在产生重大影响的同时也招致了广泛的批评。周来祥认为"西方偏重于再现，东方则偏重于表现"，这个观点包含了如下内容：一是作为一个学科而言，只有一种美学，中西美学有着共同的学术规范性；二是紧扣美学作为艺术哲学的核心问题即艺术本质的理解，对中西美学的差别做了简洁而准确的概括；三是"偏重"一词是就其主流美学而言，实际上承认了中西美学在主流形态之外，还各自存在的其他的复杂状态；四是这是就已经凝固化了的中西古典美学而言，而不是正在动态发展着的中西现当代美学。

西方美学建立在数学、物理等自然科学传统和实证研究的基础之上。就其对艺术本质的理解而言，摹仿是古希腊美学的普遍原则，摹仿说是西方再现美学的代表性学说，在西方美学史上长期占统治地位。摹仿说包含的写实原则和认识现实等美学观念，后来发展为典型环境和典型人物等现实主义艺术理论，进而在苏联文艺界建立了社会主义现实主义理论，对中国现代马克思主义美学产生了深刻影响。蔡仪、周扬、冯雪峰等马克思主义美学家是以日本和苏联为中介，才了解并接受了在古典的摹仿和再现论基础上发展起来的马克思主义美学。朱光潜则不同，他从一开始就赴西欧学习，直接了解到当时西方美学发展的最新动向，这给他以后漫长的学术生涯以深刻影响。

朱光潜在欧洲学习时，适逢西方美学与艺术进入现代并发生剧烈转型。这种现代转型的一个重要特征是，建立在古希腊美学基础上的古典摹仿论走向衰落，强调表达自我感受和主观意向的表现主义艺术勃兴，表现论美学随之兴起。表现论美学产生于20世纪初，在20世纪的前30年间，表现论在西方美学界占据主导地位并产生了世界性影响，克罗齐是西方表现论美学的创始人。西方学者指出，"在19世纪和20世纪的交替时期，及以后至少二十五年时间，贝奈德托·克罗齐关于艺术是抒情的直觉的理论，在美学界居于统治地位"。

摹仿说基于哲学认识论，在古希腊时代业已确立。亚里士多德认为，人具有两种本能，即求知与摹仿，这两个方面相互联系在一起，艺术作品通过摹仿达到对客观事物的准确再现，给人以审美的愉悦感。他认为"求知是人类的本性"，"人从孩提时代就有摹仿的本能，人们对于摹仿的作品总是感到快感"，"人们在观赏艺术作品的时候之所以感到快感，就因为我们一面在看，一面在求知"，也就是说，观看艺术作品时的审美快感源于求知过程带来的快乐。这个观点有着包括毕达哥拉斯学派在内的坚实的自然科学基础，又把艺术的认识作用与审美统一了起来，经过苏格拉底、柏拉图、亚里士多德等人的阐发，牢固确立了在西方美学史上的主导地位。

从艺术形式的角度来看，摹仿说由于突显艺术对客观事物的摹仿，必然强调对事物逼真和精确的再现，关注事物的感性形式特征，特别是在造型艺术中，聚焦于事物的外形、数量和比例关系，从透视学、解剖学等角度研究和再现客观事物。从思想内容的角度来看，摹仿说突出强调艺术的认识作用，这个观点经历了一个变化过程。柏拉图承认艺术家都是摹仿者，但是他从自己的哲学思想出发，认为永恒的理念不是物质组成了我们这个真实的世界，把现实世界看作是永恒不变的理念世界的摹本，艺术摹仿的是变动不安的现实世界的外貌，艺术是一种幻觉，是不真实的，具有欺骗性，从认识论的角度否定了艺术。亚里士多德推翻了柏拉图的观点，在把诗歌和历史作了比较之后得出结论，认为"诗比历史更富哲学意味，并且更严肃，因为诗讲述的是普遍的事情，而历史讲述的是个别事件"，他把艺术的认识价值提高到一个前所未有的高度。

摹仿说在西方古典美学史上有着不可逾越的主流地位，其内部有着柏拉图和亚里士多德两种相互抵触的传统，这两种传统在时间的长河中此消彼长。在漫长的中世纪里，柏拉图曾占有上风，普罗提诺、圣·奥古斯丁等人的美学思想都深受柏拉图影响。《诗学》集中阐述了亚里士多德关于摹仿论的看法，这部著作原是亚里士多德的演讲提要，在他生时没有发表，对他那个时代的文艺实践可以说无甚影响，至少是古代文献没有提及它，他死后传给他的弟子，以后就辗转到埃及、阿拉伯、罗马，曾长期埋没在地窖中，不见天日。直到文艺复兴时期，《诗学》才被发现，从阿拉伯文转译过来，深受意大利学者推崇，情况发生逆转，亚里士多德占据了统治地位。

亚里士多德的摹仿说中集中凸现了再现艺术的认识作用，在《诗学》第四章中讨论艺术欣赏带来快感的心理过程中甚至使用了"推论"这样的形式逻辑术语，实质上是把艺术欣赏等同于普通认识论过程，这给后来的马克思主义美学极其深刻的影响。马克思主义美学吸纳了亚里士多德关于艺术能够正确地认识现实的观点，并和阶级斗争的社会政治功利论思想结合起来，把再现型的现实主义艺术看作是正确地认识现实的最好形式，以此来推动社会政治革命。这些思想突出地表现在列宁的美学思想中，列宁把列夫·托尔斯泰的文艺作品称作"俄国革命的镜子"，认为"如果我们看到的是一位真正伟大的艺术家，他就一定会在自己的作品中至少反映出革命的某些本质的方面"，认为"俄国工人阶级研究列夫·托尔斯泰的艺术作品，会更清楚地认识自己的敌人"。

克罗齐等人的表现论美学，既和西方表现主义艺术相关，又是西方美学内部另一种传统因素的延伸。柏拉图之所以认为艺术不具备认识价值，就是因为艺术具有非理性的性质，即迷狂。在他看来，对世界的认识只有通过推理才能把握，因而他批评艺术家对他们正在从事的工作缺乏真知。根据柏拉图的观察，艺术创作源自灵感，艺术家处于迷狂状态。灵感说在希腊有古老的根源，荷马在开章之前首先呼告诗神缪斯，酒神祭者在如醉如狂的状态中唱出即兴诗。柏拉图断定文艺创作不适用于逻辑推论，而是来自非理性领域，来自神灵的赐予。诗人写诗不是靠智慧而是靠神助，不是靠技艺而是靠灵感，不是靠理智而是靠迷狂和非理性的状态。他所说的"迷狂"，英文表达为 crazy 或 mad，即类似疯癫的非理性状态下的情感高峰体验。在绝大部分的情况下，柏拉图反对情感，将情感等同于低劣的情欲，等同于人的本能和非理性。他贬低情感而抬高理性，认为挑逗情欲的作品阻碍人的理性认识，理性要控制情欲，而情欲从根本上是排斥理性的。柏拉图的灵感和迷狂说启迪了后来西方美学的表现论思想。

18世纪英国学者荷姆认为，审美地把握对象的中心是情感，分析情感是美学的首要任务，审美愉快是无利益感的情绪。他逐渐发展出关于情绪作为心灵生活的一个独立区域的学说，后来康德继承了他的学说并将其系统化。康德美学的突出点和新颖点是他第一次在哲学历史里严格系统地为"审美"划出一个独自的领域，即人类心意里的一个特殊的状态——情绪。在康德看来，审美判断基于情感，是一种令人惬意的愉快感，独立于概念之外，审美不是求知，不是逻辑，不是认识，从中得到的不是关于客体的属性等知识，而是主观的情感。康德由此进入对于艺术的理解，认为艺术是天赋才能，无规则可言，不能由摹仿产生，不能科学地加以说明，仅仅依靠创造性想象的指引，大自然通过天才为艺术立法。鲍桑葵也指出："天才尽管不能独立于训练和思考，但它是自然的赠品，它表现出无意识的创造力。"

康德的这些思想和当时欧洲的浪漫主义强调激情、幻想与直觉等艺术观结合连在一起，对现代美学的进程产生了重要影响。英国浪漫运动的代表华兹华斯写道："诗歌是强烈情感的自然流露。"柯勒律治写道："形象不论多么优美，多么忠实地复制自然，多么准确地用词语表达，都不能说明诗人的特质。只有当形象被激情主导和修改，才是原创性天才的证据。"浪漫主义文学贬低理性、高扬主体，强调情感表现思想，为文学艺术领域带来了一种新的情感主义或译为主情主义,构成了表现主义美学的重要思想渊源。克罗齐美学既受康德的影响,又和浪漫主义密切相关。在所有的德国古典哲学家中,他在精神上最接近康德。克罗齐认为"艺术的直觉永远是抒情的直觉",明确说明抒情和直觉是同义词,要求"一种活泼的情感变成完全是一种鲜明的意象",在这个定义中"客观现实的再现变成了主观感情的表现"。这些观点和中国偏重表现的古老美学传统相当接近,张月超指出,"西方以模仿理论为主流,而中国以表现论为主干","在西方到了18世纪末才有表现理论,它对于古典主义的模仿论是一个反动,和我国言志抒情的诗歌理论在许多方面有相同之处"。中西表现论美学思想的相通相近之处,为以后比较美学的研究打下了坚实的基础。

克罗齐认为美学不是物理的事实,为艺术的自由表达情感扫除了清规戒律,他认为艺术不是功利的活动,不是道德的活动,不是逻辑或概念的活动,强调艺术的独立自主性,反对艺术发挥社会功能,这就为"个人霎时的飘忽的情感或心境找到表现的艺术"铺平了道路。以克罗齐为代表的西方表现主义美学中的非理性主义因素和反对艺术的社会功能等观点,和中国主流的儒家伦理美学思想是有差别的,有时候这种差别还相当明显。但是中国美学传统不仅古老,而且多元,西方表现主义美学的这些特点恰恰和带有道家色彩的魏晋风度有着内在的契合。

事实上,20世纪80年代以来,国内学界已经做了某些改变,李泽厚代表的中国当代美学主流已经不再被称为客观社会派,而是被称为实践美学,为避免在汉语语境中引发歧义,更准确地说,应称作实践论或实践派美学。但对于其他美学流派,我们尚未作出相应的调整。其实,朱光潜强调情感表现,应称之为表现主义或表现论美学;以蔡仪为代表的马克思主义美学深受摹仿论的影响,强调艺术的认识功能,应称之为再现论美学,这样更符合中国当代美学的实际状况,也更能揭示意识形态外衣包裹下的中国当代美学多元传统的实质,并彰显它们和中西美学斑驳传统的复杂联系。

表现论的核心主张是艺术是情感的表现。和西方的摹仿说相去甚远,中国古典美学带有强烈的表现论特征,其核心是强调内心世界的抒写,而不是事物外貌的逼真再现。西方的摹仿论建立在西方人宇宙观的基础之上。这种观点认为,艺术起源于对事物的摹仿,而事物之所以能够被摹仿,按照柏拉图的说法,是因为万事万物都各有其永恒不变的理念。物感论依据古代中国人独特的宇宙观,展示了中国人关于艺术起源的独特理解,即天地万物的根源是元气,元气有阴有阳,阴阳二气变化产生天地万物,也产生艺术。《乐记·乐本》认为,"凡音之起,由人心生也。人心之动,物使之然也",钟嵘在《诗品序》中写道"气之动物,物之感人,故摇荡性情,形诸舞咏",即宇宙元气引起客观事物的变化,这种变化感动人的心灵,然后以艺术的形式加以表达。

古代中国人认为宇宙元气处于不断变化之中,《易经》英文译名为 Book of Changes(意为"变化之书"),因而事物是难以直接摹仿的,只可传达其风神气韵。在"气韵生动"这个美学范畴中,生动只是形容词,气韵才是核心概念。气是天地万物的生命之源,艺术要传达出天地万物的气,虽不可避免地要描绘事物的外貌,但是更重要的是表达事物内在的风神韵味,要写出其蕴含的元气,这才是艺术的生命力所在。如果说西方传统的摹仿说着眼于真实地再现事物的外貌,美的范畴占据了核心地位,那么中国的物感说则是着眼于宇宙生命的元气律动,气和韵的概念在中国传统美学传统中占据着无可替代的重要地位。

从这样一个基本特征出发,中国古典美学强调形神关系而重神轻形,这在绘画艺术中表现尤为明显,《淮南子·原道训》主张"神贵于形",《淮南子·说山训》认为"画西施之面,美而不可说;规孟贲之目,大而不可畏:君形者亡焉",在绘画艺术中传达人和事物内在的"神"比表达外在的"形"更为重要。中国传统绘画作为视觉艺术,固然也描绘事物的外在形貌,但这不是重心所在。中国绘画的一个重要观点是强调意在笔先,重视心性传达,反对直接模拟对象。这集中反映在顾恺之在《世说新语·巧艺》中的名言"四体妍蚩本无关于妙处,传神写照正在阿堵中",汤用彤指出:"四体妍蚩,无关妙处,则以示形体之无足轻重也。"也就是说,中国传统的绘画艺术重在传达对象的风神韵致,对于对象的物质形式,则置于次要位置。唐代张彦远在《历代名画记》中阐述了其中的因果关系:"以气韵求其画,则形似在其间也"。这是中国古典美学思想合乎逻辑的发展结果。

中国传统绘画集诗、书、画、印为一体,这些元素都是画面的重要组成部分,这和"形似"的要求存在冲突。西方古典绘画受摹仿论的支配,主要讲究形的要求,至多在不显眼的位置有一个签名而已。欧阳修《盘车图》写道:"古画画意不画形,梅诗咏物无隐情。忘形得意知者寡,不若见诗如见画。"强调绘画要表现作者的心胸气象，故画意比画形重要。中国画以传统书法将诗文直接题写在画幅之中，使之成为画面的一个组成部分。题画诗与画面互相补充，扩大了诗对画的介入，用来抒发画面未尽之意，给了画家一种在造型艺术之外还能倾诉胸臆的机会。

中国传统绘画没有发展出如自然科学般精确的西方绘画的写实传统，山水画没有焦点透视，人物画没有比例和解剖的精确性，没有对细节逼真追求的严格科学主义态度，这一切都为西方表现主义美学进入中国准备了温床。

在中国古代诗歌作品中，意境的"境"表现为景的描写，意境的"意"表现为情的抒发，"情景"说构成了中国古代诗歌的意境论。谢榛《四溟诗话·卷四》认为"夫情、景相触而成诗，此作家之常也"。朱光潜指出："诗的境界是情绪与意象的融合。情趣是感受来的，起于自我的，可经历而不可描绘的；意象是观照得来的，起于外物的，有形象可描绘的。"他进一步解释说："情感与意象猝然相遇而契合无间，这种遇合就是直觉，就是表现，也就是艺术。创造如此，欣赏也是如此。所以'表现'变成情感与意象之间的关系。在心中直觉到一个完整的意象恰能蕴含一种情感时，情感便已表现于意象。"

朱光潜在解释移情说之后得出了明确结论："人在观察外界事物时，设身处在事物的境地，把原来没有生命的东西看成有生命的东西，仿佛它也有感觉、思想、情感、意志和活动，同时，人自身也受到这种错觉的影响，多少和事物发生同情和共鸣。这种现象是很原始的、普遍的。我国古代语文的生长和发展在很大程度上是按照移情的原则进行的。"换言之，把人的感受投射到外物，赋予其情感与生命，这种心理现象古已有之，是跨越了不同人种、不同国家、不同文化、不同语言和不同历史时期的普遍性现象。中国的意境论与西方的移情说最为接近，中西美学在过去彼此隔绝的时代里独立发明了相近或相通的美学理论。国内学界的意境研究可谓汗牛充栋，但鲜有新意者。如何推动意境论研究，使之成为中西表现论美学融通并继续发展的一个理论支点，还有许多需要我们在已有的研究基础上不断延伸的东西。

如果说典型论是西方传统再现论美学的主要范畴，意境论则是中国传统表现论美学的主要范畴。因而可以说，蔡仪是在再现论美学的道路上走的中西美学融通之路,朱光潜则是在表现论美学的道路上走的中西美学融通之路。作为中国美学融通西方美学的不同学术选择,蔡仪和朱光潜的美学观点早在民国时期已经形成,经过五十年代的美学大讨论等政治风雨更加鲜明而基本的观点始终未变。

国内比较美学研究领域长期存在的一个重要误区是未能区分中国的表现论美学与西方的再现论美学,把中国表现论的风神气韵和西方再现论的形象典型混为一谈,在中国的抒情理论与西方的叙事理论之间展开错位的比较研究,然后得出中西美学僵硬对立、水火不容的错误结论。探究朱光潜的表现论美学思想,有助于调整我们对中国现当代美学总体框架的理解,克服狭隘民族主义情绪,突破中西比较美学中存在的误区,在中西表现论美学思想、中西再现论美学思想之间展开比较研究,得出更合乎实际情况的比较美学结论,推动中西美学的进一步融通,逐步摸索中国美学争取国际学术话语权的正确路径。

第一节 中国美学主要体现主体心理要素的和谐

尽管中国传统美学具有丰富的价值资源,但其概念的构成形式、知识的生产和交换方式均基于特定的历史背景,主要表现在关于文学艺术品评所操用的术语均局限在特定的文人社群之中,在这种文人圈中,其知识背景大致相同,其审美趣味大体一致,因而其概念话语均带有自明的共享性质,彼此之间并不需要太多的解释。因此,作为中国古代美学重要资源的诗话、词话、画论、文论、曲论、乐论、传奇评点等,往往三言两语即能道破艺术的真谛,不需要太多的分析与论证。如果说中国古代美学带有明显的体验美学的特征,这应该是一个非常重要的原因。中国美学具有很强大的直观感性的审美传统,它不同于西方美学重视逻辑思辨,与西方艺术上重视叙述性、强调想象相反,中国美学是与自然观结合在一起的抒情美学,它重视的恰恰是一种直观的感性体验,可以说中国人在艺术与人生之间通过审美架起了一座桥梁。

现代西方美学从主体性走向了主体间性,而主体间性的构成被确认为理解。理解不仅是现代解释学的核心,也成为主体间性美学的基本范畴。

中国美学具有不同于西方的主体间性内涵，它不是偏重审美理解，而是偏重审美同情。事实上，同情是与理解同样重要的主体间性的基本构成，在这个意义上，中西美学具有互补性。因此，从审美主体间性的构成角度考察审美理解与审美同情，就不仅是美学原理的课题，而且成为比较美学的课题，因而显得更为重要。

中国哲学建立在主体间性的同情观的基础上。中国哲学与西方不同，不是客体性哲学或主体性哲学，而是主体间性哲学；不是认识论，而是价值论，是伦理哲学，它偏重于对人生价值的探求以及对人际关系的界定。中国哲学主流是儒家学说，它的核心是仁，而仁就是人对人的同情，即孔子的"仁者爱人"、孟子的"不忍人之心"。儒家学说把这种伦理观推广到人与世界的关系，就形成了仁民爱物的思想。张载说："民，吾同胞，物，吾与也。"这是人对世界万物的同情。此外，道家的人与自然同一的"物化"说、佛家的慈悲观念都突出了同情意识。当然，这种同情观源于天人合一的世界观，带有前理性的蒙昧性。但是，它也具有超前的智慧，可以成为现代哲学同情观的思想资源。另外，中国再现艺术和叙事文学不发达，而表现艺术和抒情文学比较发达，诗歌、散文、山水画成为主要的文学艺术形式，形成了表现性、抒情性的审美模式。在这个哲学基础上和文化背景下，不是审美理解，而是审美同情成为审美主体间性的基本构成。西方美学的审美同情说肇始于移情说，是自我情感的外射，因而近代审美同情说是主体性的理论。中国美学的审美同情说不是移情说，而是感兴论，因而是主体间性的理论。

中国美学认为天地自然皆有情，与人情相呼应，审美就是人与世界之间的情感交流。中国美学认为情感交流就是感兴，因而中国美学又是感兴论。感兴论认为审美是外在世界对主体的感动和主体对世界的感应；而世界（包括社会和自然）不是死寂的客体而是有生命的主体，在自我主体与世界主体的交流和体验中，达到了天人合一的境界。孔子说"兴于诗"。这个"兴"不是单纯的主观的情感，而是世界对主体的激发和主体对世界的感应。庄子认为审美是主体与世界之间的和谐交往："与人和者，谓之人乐；与天和者，谓之天乐。"《乐记·乐论篇》也认为："乐者，天地之和也。""大乐与天地同和，大礼与天地同节。"《文心雕龙》进一步集中地阐发了感兴论："情以物迁，辞以情发。""是以诗人感物，连类不穷。""人禀七情，应物斯感,感物吟志,莫非自然。""睹物兴情""情以物兴""物以情观""神与物游"……他指出了情之兴是感物的结果。钟嵘说:"气之动物,物之感人,故摇荡性情,形诸舞咏。"(《诗品·序》)他也肯定了感物说。王夫之说:"夫景以情合,情以景生,初不相离,唯意所适。截分二橛,则情不足兴,而景非其景。"(《姜斋诗话·夕堂永日绪论内编》)他鲜明地反对把情与景、主观与客观分离,而强调二者是互感相生的。感兴论的实质是把世界当作有生命的主体,审美是自我主体与世界主体间的交互感应而达到的最高境界,因而是主体间性美学。中国美学的感兴论是建立在审美同情观的基础上的,它认为审美中世界万物都有情感,自我与世界万物之间发生情感互动、达到情感同一,形成了审美意境。晋代孙绰云:"情因所习而迁移,物触所遇则兴感……具物同荣,资生咸畅。于是和以醇醪,齐以达观。决然人矣,焉复觉鹏鷃之二物哉?"(《三月三日兰亭诗序》,《全晋文》卷61)王夫之是审美同情说的集大成者,他说:"君子之心,有与天地同情者,有与禽鱼草木同情者,有与女子小人同情者,有与道同情者……悉得其情而皆有以裁用之,大以体天地之化,微以备禽鱼草木之几……"(《诗广传·召南一》)清人朱庭珍说:"……则以人之性情通山水之性情,以人之精神通山水之精神,并与天地之性情、精神相通相合矣。"(《筱园诗话》卷1)由于审美同情的作用,就达到了情景交融的主体间性境界。正如王夫之所说:"情、景名为二,而实不可离。神于诗者,妙合无垠。巧者则有情中景,景中情。"(王夫之《姜斋诗话》卷下,评岑参《首春渭西郊行,呈蓝田张二主簿》)在创作论上,中国美学认为艺术活动是主体与外物之间的交流、体验,而不是西方美学的感性认识。刘勰所谓"神与物游""神用象通""目既往还,心亦吐纳""情往似赠,兴来如答"就强调了作者与创作对象之间的交往关系。皎然提出"思与境偕",这个"偕"字道出了主体与客体间的共存、交往关系。中国古典文学中突出了写景抒情的手法,创造了情景交融、心物一体的境界,如"我见青山多妩媚,料青山见我应如是""昔我往矣,杨柳依依。今我来思,雨雪霏霏"。在接受论上,中华美学也把艺术活动当作主体与作品之间的对话、交流,从而达到了二者之间的情感契合。

中国现代美学家宗白华吸收了西方生命哲学思想,特别是叔本华的"生命意志"和柏格森的"生命冲动"思想,也继承了中国哲学的"天人合一"

思想，建立了自己的宇宙观，即"大自然中有一种不可思议的活力，推动无生界以入于有机界，从无机界以至于最早的生命、理性、情绪、感觉。这个活力是一切生命的源泉，也是一切'美'的源泉"。在这个"宇宙活力"观的基础上，形成了他的审美同情说。他呼唤道："诸君！艺术的生活就是同情的生活呀！无限的同情对于自然，无限的同情对于人生，无限的同情对于星天云月、鸟语泉鸣，无限的同情对于生死离合、喜笑悲涕，这就是艺术感觉的发生，这也是艺术创造的目的。"宗白华的审美同情说不同于西方的移情说，而具有主体间性性质。中国美学的审美同情说具有重要的价值，可以作为现代美学的思想资源，但是它是前现代的思想，存在着明显的弱点，它建立在天人合一观念的基础上，具有蒙昧性。因此，审美同情成为一种自然的、神秘的人与自然之间的吸引，它的社会性、超越性被隐蔽了。中国美学的这一弱点必须正视，并应通过与西方现代美学的对话、经过现代理性的洗礼加以克服。

第二节 西方美学主要体现对象形式要素的和谐

西方哲学具有认识论传统，偏重于对客观世界的认识，审美被看作感性认识，美学被命名之初就是感性认识的科学。在这个基础上，从古希腊的模仿说到近代的感性认识说，再到现代解释学的理解说，形成了西方美学的认识论传统。因此，解释学以理解构成主体间性为基础，西方美学的主体间性也以审美理解为基本构成，对审美同情则有所忽视，或者仅在次要的意义上论及。另一个原因是西方再现艺术和叙事文学较为发达，从古代的史诗传统到古希腊、罗马乃至近代戏剧艺术的发达，再到现代小说的兴起，形成了再现性、叙事性的审美模式。在这个哲学基础上和历史背景下，理解成为解释学的基本问题，主体间性被确定为认识的可能性，而审美理解也被确定为审美主体间性的基本构成。

审美理解是现代西方美学主体间性基本的构成。西方古代哲学的实体本体论属于客体性哲学，认为存在是客观的实体；近代认识论属于主体性哲学，认为认识是主体构成对象；现代西方哲学走向了理解论的主体间性哲学，认为理解沟通了主体与世界。主体间性概念的创始人胡塞尔就是把主体间性规定为不同认识主体之间互相理解的可能性。从主体性的认识论到主体间性的理解论的过渡人物是柏格森,他认为存在本体是"绵延"或"生命冲动",只有直觉才能把握绵延之流,直觉是主体与对象之间的融合,因而也称之为"共感"。所谓直觉,就是理智的交融,这种交融使人们自己置于对象之内,以便与其中独特的、从而无法表达的东西相符合。这种直觉就是理解的一种形式,它带有主体间性的性质("置于对象之内");这种"直觉"或"共感"也沟通了同情说(宗白华就是把柏格森的直觉、共感说改造为同情说)。直接提出主体间性的理解论的是古典解释学的创始人狄尔泰,他从生命哲学出发,认为精神科学对象是精神现象,因而只能诉诸理解而非认知。这已经暗含了主体间性思想,即把理解当作主体与另一个主体(精神现象)之间的沟通。海德格尔一方面论证了此在的"共在"性质,同时考察了现实存在中人与人因缺乏理解而导致的疏远化。他指出,在现实存在中,人与人之间的交谈成为一种"闲言""好奇""两可",而真正的"共在"只有通过诗性语言达到的充分理解,在"诗意地安居"中,在"天地神人"四重世界的和谐交往中才能实现。这样他从现实领域的"共在"走向了审美理解。伽达默尔在存在哲学的基础上继承和改造了古典解释学,建立了基于理解的现代解释学。他认为"理解就是此在的存在方式,因为理解就是能存在和'可能性'"。他认为理解是解释者与文本之间的互动,是一种问答活动和视域融合的过程,是在谈话中的意义的发生。伽达默尔正面论证了理解对主体间性的构成作用,他指出:"谁想理解,谁就从一开始便不能因为想尽可能彻底地和顽固地不听本文的见解而囿于他自己的偶然的前见解中,直到本文的见解成为可听见的并且取消了错误的理解为止。谁想理解一个本文,谁就准备让本文告诉他什么。"伽达默尔认为美学可以归于解释学,审美是解释活动的一个范例。因此,审美理解也成为审美主体间性的基本构成要素。哈贝马斯提出了交往理性思想,他指出交往有两种行为方式,一种是工具性行为,只是利用对方,把交往作为手段,而不准备理解对方;另一种是交往行为,它通过对话,达到人与人之间的相互理解和一致。当然,在现实领域,这种充分的主体间性只是一种乌托邦,只有在审美活动中主体间性才能真正实现。在审美中,自我主体与文本主体的关系不是主体与客体的关系,而是两个生命体之间的关系,它真正把对象由"他"变成了"你",承认对象是一个生命体,是另一个"我",

从而摆脱了自我对世界的支配关系，也取消了主体与客体的对立。

在自我与他我的关系中，审美理解展开为自我（审美者）与他我（审美对象）之间的对话、问答，自我仿佛深入到了审美对象的内在世界，倾听他的声音，了解他的思想感情，洞察他的性格、命运；同时自我把自己的思想感情倾诉给对方，让对方倾听自己的声音，体察自己的内心世界，了解自己的命运、性格。以人物命运为描写对象的再现艺术和叙事文学突出了审美理解的功能，达到了对人的命运的最深刻的把握，从而理解了生存的意义。而以情感表达为主的表现艺术和抒情文学虽然突出了审美同情，但也包含着审美理解，使人充分理解了这种客观化的情感。审美理解拉近并最终消除了自我与对象的距离，实现了主客同一、物我两忘。这样，在现实领域中，主体与对象的主体性关系就转化为主体间性关系。

如果说理解是从认识论角度、在解释学领域沟通了自我与他我的话，那么，同情是从价值论角度、在存在论领域沟通了自我与他我。西方哲学、美学中也产生了同情说，但这个同情说属于主体性理论，而不是主体间性理论。休谟在《人性论》中认为，道德源于快乐与痛苦的感觉，而这些感觉要通过同情才发生作用，由此可见，同情是人性中一个很强有力的原则，它对我们的美的鉴别力有一种巨大的作用，它产生了我们对一切人为的德的道德感。休谟站在经验论的立场上谈论同情，而经验论是排除本体论的承诺的，因而他主要在伦理学和美学领域考察同情，并且认识到了同情在美学上的意义。康德也偏离了传统的认识论，把审美归结为情感领域，从而揭示了审美主体与审美对象的情感关系。但是，康德的先验论哲学基础上的美学，把审美当作一种主体性的感性认识，对象成为美的，是主体心理的构造；美感只是想象力和知性的协调的结果。这就是说，他并没有建立独立的审美同情理论。但是，康德在先验主体性美学基础上提出了移情说的思想，他在对崇高的分析中提出"所以对于自然界中的崇高的感觉就是对于自己本身的使命的崇敬，而经由某一种暗换赋予了一自然界的对象（把这对于主体里的人类观念的崇敬变换为对于客体），这样就像是把我们的认识机能里的理性使命对于感性里最大机能的优越性形象化地表达出来了"，这种思想中包含着审美同情说。后来里普斯代表的移情说由强调想象转向强调同情，认为审美就是自我把情感投射到对象上去，对对象产生一种同情。他说："一切审美的喜悦都是一种令人愉快的同情感。"虽然古典美学的同情说涉及自我与对象的同一性，但它从主体性出发，把审美同情当作移情即主体单方面的行为和自我欣赏，审美快感的特征就在于此，它是对于一个对象的欣赏，这个对象就其为欣赏的对象来说，却不是对象而是我自己。或者换个方式说，它是对于自我的欣赏，这个自我就其受到审美的欣赏来说，却不是我自己，而是客观的自我。由此可见，古典美学的同情说，基于主体性而不是主体间性，是一种"移情"说。

现代美学在主体间性的基础上走向了审美同情说。海德格尔考察了人的现实存在——此在的在，认为这是一种异化——沉沦和非本真的共在，这就意味着人必须与世界打交道，其本质就是烦，"在世的本质就是烦"。烦具有两重性，一方面，人的自由存在本质表现为他可以成为"他所能是的东西"，这就是"完善"，而"完善""是烦的一种劳绩"；另一方面，"烦也规定着这一存在者因之听凭它所繁忙的世界摆布（被抛状态）的那种基本方式"。烦作为在世（共在）的本质，除了表现为冷漠、戒备、距离、审慎、猜疑等，也表现为"同情""共鸣""理解认识他人"等日常现象。如何走出沉沦，也要靠烦的"劳绩"，这就是依靠其中的"理解、认识他人"以及"同情""共鸣"。正是经由理解—同情的途径，海德格尔最终走向审美主义，在主体间性的领域实现了本真的存在。他把理解—同情升华为审美理解和审美同情，提出了"诗意地安居"的理想。他认为"安居是凡人在大地上的存在方式""安居本身必须始终是和万物同在的逗留""属于人的彼此共在"。具体地说，就是"大地和苍穹、诸神和凡人，这四者凭原始的一体性交融为一"。这种天、地、神、人四方游戏说体现了一种主体间性的思想。他认为只有在审美同情中才能克服人与世界的分裂，才能找到存在的家园，进入本真的共在。他在评论荷尔德林的诗歌时，阐释了对"天地神人"及"命运"的主体间性理解，即大地和天空、神和人的"更为柔和的关系"可能成为更无限的，因为非片面的东西可能更纯粹地从那种亲密性中显露出来，而在这种亲密性中，所谓的四方可以相互保持……或许命运就是中心，这个"中心"起着中介作用，因为它首先使四方进入它们的互属之中而确定下来，把四方送入这种互属之中，命运使四方进入其中从而取得自身，命运保存四方，使四方开始进入亲密之中。

如果说海德格尔的主体间性是审美主义的话，那么更早的主体间性是信仰主义。马丁·布伯从上帝的普遍的爱来建构人与世界的关系，认为只有把"我—他"关系变为"我—你"关系，才能真正实现超越，而"我—你"关系具有真正主体间性的性质，其内涵就是爱。他认为，"我—你"关系体现了纯净的、万有一体之情怀，"人通过'你'而成为'我'"。显然，这种爱是同情的一种形式，马丁·布伯的学说是从宗教获得思想资源的主体间性的同情说，马尔库塞则认为只有爱欲的充分实现和升华（在艺术中）才能达到人与社会、自然的和谐，这也是诉之于一种审美同情。

综观西方美学关于审美同情说的演变历程，可以看出由主体性到主体间性的趋势。尽管如此，西方美学主要从审美理解角度建立主体间性美学，审美同情仍然没有明确地与审美理解并列成为主体间性美学的基本范畴。

作为主体间性的构成的理解与同情，二者之间究竟具有什么关系？这个问题似乎还没有得到全面的探究。但是，由于理解毕竟离不开同情，认识论离不开价值论，因而西方哲学也出现了探讨同情与理解关系的动向。由于西方哲学的认识论传统，解释学建立在理解的基础上，而同情几乎没有受到重视。但是，狄尔泰提到同情对理解的辅助作用。他说："认为理解是一种重新体验，而'同情会增加重新体验的力量'。"伽达默尔也注意到了同情与理解的关系，他引述狄尔泰的观点"只有同情才使真正的理解成为可能"，但他们都把同情作为理解的辅助因素，而且二者的关系并没有展开讨论。

马克斯·舍勒不满于现象学固守认识论传统、局限于认知领域，而建立了"情感现象学"。他继承了德国生命哲学传统，认为情感较之认识具有更为重要的优势地位，把认识领域扩展到逻辑—理智的过程之外，认定同感、同情、爱与恨、感兴趣等都具有认识的功能，只有通过情感行为才可能认识伦理的、美学的、宗教的价值。舍勒的"情感现象学"具有主体间性的倾向，他认为在内知觉中，不仅肯定了自我的存在，而且直接肯定了他人的存在。舍勒不同意胡塞尔的主体性现象学，认为他者不是自我构造的产物，而具有先于自我的明证性。他考察了人的原始经验以及儿童的情感体验所具有的自我与他者（"你"）的同一性，指出自我从社会共同体中分化是后起的过程，因而自我的产生有赖于主体间性的社会共同体的存在。他认为同情是主体间性的纽带，而同情的基本形式包括共同感受、共同情感、心理传染和同一感。他批判现代社会人们只关注"他是什么"而不关注"他是谁"，这种主体间性思想直接启发了马丁·布伯的"我—你关系"说。

施太格缪勒这样评述舍勒的思想:"真正的哲学认识过程并不是在知性的意识过程中发生的;而宁肯说,人格的最内在的核心以爱的方式参与事物的本质就是精神获得原始知识的哲学态度。"弗莱德·R.多尔迈这样谈论舍勒与主体间性理论的关系:"关于交互主体性的讨论,得益于我对马克斯·舍勒的著作予以较多的注意。他的《同情的本性》一书中所做的研究尤其值得注意,这是由于他对各种不同的个人间关系样式予以了概括,也因为他努力使意向性同情与认识同类存在的'他性'之需要达到平衡。"

哈贝马斯也对传统哲学进行了反思,探讨了认识和旨趣(又译作兴趣)的同一关系。他认为从古希腊发端的传统哲学把理论"非价值化","把价值与事实相割裂",形成了科学主义、实证主义传统,排挤了认识活动中的旨趣。所谓旨趣,在他看来,产生于生活世界的利益关系,表现为冲动和激情、主观意志等。他说:"一般说,兴趣即乐趣;我们把乐趣同某一对象的存在或者行为表象相联系。兴趣的目标是生存或定在,因为它表达着我们感兴趣的对象同我们实现欲望的能力的关系。这就是说,要么兴趣以需求为前提,要么兴趣产生需求。"他认为,由于"认识和生活世界的利益是交织在一起的",因而认识是与旨趣相一致的。他区分了"技术的认识旨趣""实践的认识旨趣""解放的认识旨趣",认为只有在"解放的认识旨趣"中,即"在自我反思的力量中,认识和旨趣是一个东西"。他指出:"自我反思能把主体从依附于对象化的力量中解放出来,自我反思是由解放的认识旨趣决定的。以批判为导向的科学同哲学一样都具有解放的认识旨趣。"这表明哈贝马斯已经从根本上反省了西方哲学传统偏于认识论的缺陷,并企图建立批判社会科学和哲学来加以修正。很显然,对旨趣或兴趣的发现,必然导致对认识论的突破即对理解的另一面——同情的承认。但是,他仍然在传统认识论范围内,通过建立"认识的旨趣"的合法性来修补西方哲学,而没有把价值论提升到与认识论同等地位。因此,也就没有可能把同情和理解放在同等地位,建立完整的主体间性哲学。

从解释学的角度,狄尔泰和德里达都意识到了同情是理解的前提,但这还不够,还应该说,理解也是同情的前提,而且理解包含着同情,同情包含着理解。这就是说,理解与同情具有不仅是解释学的,也是本体论的同一性。为什么这样说呢?首先,同情是理解的前提,理解是一种对话,而对话需要有参加的意愿,需要有对对方的某种关注;否则,对对方冷漠、不关心，对话就无法进行，理解也无从发生。因此，理解的意愿就是一种同情。其次，理解必须进行"换位思考"，必须将心比心，这就包含着对对方价值的合法性的某种认同，这也就是说，理解的过程包含着同情。最后，理解不仅是对对方的了解，而且是对对方的宽容、认可，本身就带有价值多元的前提，因而理解的结果也包含着一种同情。这正如梅洛·庞蒂指出的："在同情中，我能把他人感知为和我一样多或少的赤裸裸的存在和自由。"

另外，理解也是同情的前提，同情也包含着理解。首先，同情必须对对方有某种了解，知道对方的遭遇、处境，才能产生同情，如果对对方茫然无知，也就谈不上同情。其次，同情的过程是一种推己及人的换位体验，要假设自己就是对方，然后把自己的感受当作对方的感受，这也是理解的转换过程。最后，同情的结果是价值的认同，是把对方的价值当作自己的价值来体验，这本身也是一种理解。由于现实存在的主客对立，理解与同情发生了分裂，二者并不完全统一。理解并不意味着充分的同情，同情也不意味着充分的理解，它们之间存在着差距。理解偏重于客观的认知，成为解释学的基础；而同情偏重于主观的态度，成为伦理学的范畴。在哲学主体间性领域，理解与同情无法分离，二者是同样重要的，是一而二、二而一的，是达到超越的必要途径。审美是充分的主体间性领域，克服了现实领域理解与同情的分离，实现了审美理解与审美同情的同一。审美不仅是对审美对象的理解，也是对审美对象的同情。当我们体验到对象很美时，不仅是对对象的一种事实判断，而且是一种价值判断，康德的审美判断就是二者的综合。我们解释一个艺术品，不仅了解了它的意义，而且产生了对它的价值认同，所以我们才有强烈的审美感动。对再现艺术和叙事文学作品的创作和接受虽然表达了对人的命运的审美理解，但也渗透了强烈的审美同情；对表现艺术和抒情文学作品的创作和接受虽然表达了对人生价值的审美同情，也渗透了深刻的审美理解。正是由于审美理解与审美同情的充分融合，才有物我一体、主客同一的审美境界，从而实现了充分的主体间性。

第三节　中西美学体系的文化范式

中国美学和西方美学都经历了从古代到现代的发展，因而它们有历史的共同性，这种共同性是中西美学比较研究应当突出强调的问题。中西美学首先是古代的美学和现代的美学，其次才是中国的美学和西方的美学。我们不应让一些表面差异遮盖了这种共同性，或者在强调那些确有差异的时候，忘记了这个基本的背景。在这个前提下，本书主要对中西美学在其文化或宗教源头上的分歧做初步的论述，涉及至上神的双重性，隐含天道与隐含人道，以及中国古代宗教的有形超越等问题。这些问题并不直接涉及美学，但其实质与美学关系重大，可以说是进一步进行美学研究的前期准备。

一、理性化与至上神

中西美学的差异源于其古代宗教观念。宗教观念是人类最早形成的一种综合性的意识形态，它不仅体现着人类对世界的感受和欲求，包含着先民对世界的情感体验、领悟理解，也包含着审美意识的萌芽。这种观念具有发展根源或最初源头的意义，它所包含的人的理性化的倾向，规定了其后中西美学数千年的发展走向及各自不同的特点。所谓理性化，就是人性对普遍性和规范性的追求，就是人希求从万物中将自己提升出来，并在艰难的环境中把握外部世界的独有精神。在古代宗教中，这种理性化的倾向是以形成至上神的方式表现出来的，而中西美学的差异，就与至上神形成的方式有极其密切的关系。

古代宗教至上神的形成有两大来源，一个是产生于自然崇拜的自然神，另一个是产生于祖先崇拜的祖先神。自然神与宇宙自然相关，祖先神则与人生社会相关，因而可以说至上神有自然和社会两个侧翼，或者说有自然和社会的双重性。这一点，无论对于西方古代宗教，还是对于中国古代宗教，都是相同的。但是，在如何综合这两个方面从而形成至上神的方式上却有明显的差异，这里的关键问题是祖先神向英雄神的转化。

在西方，自然崇拜和祖先崇拜分别朝两个方面发展。自然崇拜在向自然神方面发展的同时，纯自然方面的独立性也在逐渐形成；祖先崇拜在向英雄神方面发展的同时，纯人间方面的独立性也在形成。综合在一起是这样的情形：在自然神和英雄神向形而上的神界升腾并两相混合的同时，形而下的自然方面和社会（人间）方面，其独立性也在逐渐形成。因此，这实际上是一个本体和现象两分的过程。从祖先崇拜形成的神与人的关系看，人无神性，人服从于神的意旨；从自然崇拜形成的神与物的关系看，物无神性，物折射神的光辉。自然神和英雄神的混合及向上神界的升腾形成至上神，这个远离了自然和社会的至上神是宗教的上帝和哲学的理念，宗教的上帝和哲学的理念正是下界的创造者，是世界的创造者。

但是至上神在中国古代宗教中的形成却有所不同。在中国古代宗教中，自然崇拜和祖先崇拜没有像西方那样分别朝两个方面发展：一方面，中国古代没有英雄神与自然神混合上升的创世神话；另一方面，也没有失去神性的自然物质和失去神性的社会人间。在中国上古时期，祖先崇拜的强大力量抑制了英雄崇拜，使在西方那里最终失去了神性的祖先神在中国具有了更多的神性。自然崇拜因失去了与祖先崇拜中英雄神上升趋向的对应，而不能充分显示自然神本有的上升超越的特性，相反，它因受到祖先神的吸引而下降。这样一来，它失去了离开自然从而向形上境界发展的力量，但也避免了二元分离，即没有导致有神的自然（神话与自然神）与无神的自然（自然物质）的分离，它使自然的神性保持在自然中，如同祖先崇拜没有导致有神性的英雄与无神性的祖先分离，他使祖先的神性就保持在无神的人间中。祖先神在人间中展现出神性，自然神在自然中展现出神性。或者说，祖先在低平的人间中享有了自然神的超拔，而自然在僵硬的物质中享有了祖先神的亲切。在中国古代，至上神仍然包含祖先和自然两个方面，但是这个至上神没有二元化的倾向，它不是升到形上的神界然后再俯视下方，而是浸润在自然和人间之中。

祖先崇拜在中国古代宗教中的发达，其原因学者们多有论述。陈荣富说："中国在从原始社会进入阶级社会的过程中，没有打破原始氏族社会的血缘关系，这种血缘关系在阶级社会甚至得到进一步的巩固和发展，这种特殊性使中国的祖宗崇拜特别盛行。中国宗教的特点一开始就把对天地的崇拜同对祖先的崇拜紧密结合在一起。这使中国宗教人—神之间的距离缩小，祖考配享于神，神意与人意不相违背。卜辞中的'帝'是研究中国古史的学者公认的至上神，他既是宇宙的主宰，又是殷族的远祖。"刘广明认为，氏族制度是祖先崇拜的社会基础，在中国古代，主要有两个因素使氏族制度保留下来，并发挥着重要的作用，即艰苦的自然条件和残酷的军事争夺，这两者皆需要氏族组织所特有的集体协同行为。祖先崇拜的强大力量正来源于此，它抑制了自身包含着的向英雄崇拜上升的趋势。中国古代神话之所以充满现世精神，其根本原因在于祖先崇拜未能成功地转换为英雄崇拜，而是英雄的神性被移植到祖先身上，祖先的神性所发出的耀眼的光辉使英雄黯然失色。当然，这里所说的英雄是指新型的超越了民族文化圈的更广阔文化背景中的人文英雄。因为早在原始社会，英雄崇拜和祖先崇拜是合二而一的，氏族英雄就是氏族的祖先，或氏族图腾。随着文明的出现，氏族趋向解体，更大的、超越氏族文化圈的文化大环境形成了，精神上的统一就成为必然的趋势。氏族英雄让位于超越了道德群体的人文英雄，即一种以文化创造之功而高居神界的非祖先化英雄神，其必然的后果之一便是祖先崇拜和英雄崇拜的分离。英雄的地位上升了，空间扩大了，祖先的神性却被英雄带走了。随着文化圈的扩大，祖先崇拜不仅愈加丧失其残余的神味，而且越来越成为文化圈向更大范围扩展的障碍。中国古代祖先崇拜和英雄崇拜的角色转换却遵循了一条与此相悖的途径，英雄崇拜不仅未曾从祖先崇拜中分离出来，相反英雄的神性却被转换到祖先身上，祖先崇拜不仅得到了强化，而且成为中国社会中的持久的崇拜。

二、隐含天道与隐含人道

至上神在中国古代宗教中没有发展到超离并高悬于社会、自然之上的程度，主要在于祖先崇拜特有的向下作用的引力。但是在说明祖先崇拜在中国古代宗教中特有作用的同时，一定要强调另外一点，即千万不要忽视了自然崇拜和自然神。可惜的是，许多研究中国古代宗教的理论，常常强调了中国祖先崇拜和宗法制度的一面，而忽视了自然崇拜和自然神的一面。这是一个严重的缺陷，这个缺陷将在中国古代文化和古代美学的研究上造成极大的片面性。在文化上，这会抹杀中华民族精神中应具有的且实际上存在着的超越提升的品格；在美学研究上，这不仅会使道家美学处在无根的状态，也不能真正了解儒家美学乃至整个中国古代美学的蕴涵。

张光直指出："在讲中国古代宗教时，许多中外学者都认为它是以祖先崇拜为主要特征的，甚至说就是祖先崇拜。这就把很复杂的中国古代宗教简单化了。其实在中国古代宗教里，祖先崇拜固然是一个很重要的成分，但更重要的是所谓巫教。然而，许多人在研究中国古代宗教时，把巫教的分量看轻了，这是因为它的力量在后来较衰微了。用后世衰微的情况推证上古的宗教情况，就容易犯上述错误。"何星亮说："有人认为，中国古代的至上神'上帝'和'天'都不是'来源于天的自然神,不是天神的升格,而是商周时期社会生活在宗教上的反映,是中国古代宗教多神崇拜向崇拜一神为主神的阶段过渡的产物'。因此,它'不是自然神,而是人为地综合各种神灵的属性而创造出来的人格神'。这一观点是不能令人信服的。第一,作为至上神的天或上帝,虽然社会属性较多,但它没有脱离'天'这一客观的自然现象,它居住在天上,驾驭空中万物。没有客观的'天',就决不会产生至上神。至上神是客观和主观的统一体,是自然和社会的统一体。第二,不少民族语言中的'天',既用以称至上神,又用以称天空,如古代中国的'天'这一词,既用来称物质的'天',又用来称精神上的'天'。这些都表明至上神与自然界的'天'密不可分。第三,以是否人格化来判别是否属于自然神也是不科学的。在许多民族中,日、月、雷、雨、风、火等诸神都已人格化,难道便可以否认它们是自然神吗?人格化的自然神是在无人格的自然神的基础上产生的,可说是高级的自然神或社会化的自然神。"他还指出:"自然信仰和自然崇拜与中国哲学的起源密切相关。一般认为,哲学渊源于原始宗教信仰……在各种原始信仰中,自然信仰与哲学观念的关系最为密切,许多哲学观念、意识都直接渊源于自然信仰……唐君毅先生认为,'孔子以前中国之精神意识为宗教性的,而孔子以后乃始为哲学的。'中国原始的自然信仰对中国哲学的形成影响很大。儒学及其他学派的哲学思想、理论、学说等有不少是由春秋以前的自然信仰演化而来的……唐先生还指出,中国哲学的形成与西方和印度哲学不同,'中国人之哲学智慧乃自然的转化原始天神之信仰而成为哲学上之观念。此意谓中国古代哲学中之儒家形而上学中,关于道体之观念,即原始天神信仰之直接的化身。唯以此哲学观念为宗教信仰之直接化身,故宗教信仰不须先被怀疑批判,再重新自觉地理性地加以建立,而只是使宗教信仰通过吾人之自觉的理性而淘汰其附加之物,且加以自觉的理性之印证,由此印证即使宗教信仰中之天神理性化,而成天道,自觉而内在之……而宗教信仰直接化为哲学观念'。古代哲学中的其他思想、观念,如阴阳说、五行说、天人合一说、天命观等的形成,也与原始的自然信仰有密切的关系。"

道家思想与原始宗教的自然崇拜关系密切,其天道观乃理性化的自然神。针对那种将儒家思想作为中国文化代表或主流,而将道家思想作为补充和辅助的观点,赵明指出:"从某种意义上说,根底深沉的道家思想,对民族文化的形成所起到的作用,要比儒家更为巨大。这是因为,从老子开始,中国才出现了真正意义上的哲学,而先秦诸子中儒家和其他各家,却没有建构起宇宙本体论的哲学……从正面继承了周文化的儒家,其理论便主要地发展为一种政治伦理学说,或称伦理型哲学。这种伦理学哲学不关注宇宙的形成和演变,只将一套人伦规范作为认识的对象,把认识局限在人伦关系的范围,这就压低、囿限了人类的思维空间,影响了理论思维的发展,而理论思维又恰是民族文化的核心和灵魂……儒家如果不吸收道家的哲学理论和思维成果,儒学就会泯灭不传。没有道家,甚至不可能形成伦理型的中国文化,因为只要我们对这种伦理型的文化稍做深入的探索就会发现,它的深层结构正是道家的那种极具民族特色、极有生命力的理论思维。"

西方古代对宇宙自然方面的偏重,是与中国古代相对而言的,或者说,中国古代对社会人生的偏重,也是与西方古代相对而言的。如果说自然神或天道在中国古代宗教哲学中是隐含的,那么,祖先神或人道在西方古代宗教哲学中也是隐含的。就像我们不能忽视自然神或天道对中国至上神或理性化的影响一样,我们也不能忽视祖先神或人道对西方至上神或理性化的作用。在美学上,中国古代因祖先崇拜的显露性而偏重美与善的结合,西方古代因自然崇拜的显露性,而偏重于美与真的结合;但是就中国古代隐含着自然崇拜,西方古代隐含着祖先崇拜而言,我们也可以说,中国古代对美善关系的偏重,离不开对真的追寻,而西方古代对美真关系的偏重,也离不开对善的依赖。总的来看,求善重于重真,这种情况无论对于中国古代还是西方古代都是同样的。

三、形而中的有形超越

自然神和祖先神在中国古代宗教中的相互作用,形成了一种特殊的文化现象,本书称之为形而中的居间性文化或有形超越的文化。所谓"形而中",是与形而上和形而下相对而言,它表示中国古代理性化的特有方式。这种方式不是形而上的,因为理性化尽管排斥感性现象但却是从其内部发生的;这种方式也不是形而下的,因为理性毕竟具有超越和提升的倾向。中国古代美学的特点也应从中得到说明。

大写字母表示自然神与祖先神的交融,小写字母表示自然神与祖先神的差异。或者说，大写字母表示中国美学中不同美学的共同特色，小写字母表示中国美学中不同美学的不同特色。大写与小写字母形成 Aa、Bb、Cc、Dd 四对，Aa、Bb 两对是祖先神将自然神下引出现的结果，Cc、Dd 两对是自然神将祖先神上牵出现的结果。每一对均有两个方面，大写方面标示受对立力量吸引出现的结果，小写方面标示在被吸引出现下引效应或上牵效应的同时，保持其原有的性质，从而与下引或上牵效应形成张力，如 Aa，A 是祖先神将自然神下引出现的效应，即气物化，而 a 是在 A 被下引的同时，保持自然神原有的上升性质，于是与 A 形成张力，形成"物象淡化"的隐含效应。下面对 Aa、Bb、Cc、Dd 这八个方面做简略分析。

A——自然神没有像西方那样，超越自然的感性现象而抽象化为一种作为终极的本体性的理性实体，它受祖先神的下引作用而未能超脱出自然现象，这就使它具有了以下几个特点：第一，内在性。对感性具有排斥作用的理性，以内在于感性的方式发生，因而它对感性的排斥不取外在的对立的态度，而是采用内在的净化方式。第二，动态性。动态是自然现象的特点，自然神的理性化离不开现象，这就保持了动态，中国哲学称之为气、生化。第三，整体性。由于自然神理性化未能走向二元对立，因而当它内在于现象的时候，也保持了本体与现象的一元性。自然神理性化的结果是天道的形成。当它被下引到自然现象中的时候，理性所特有的平衡力、结构力，使它对自然感性现象有所规范。特别是理性在古代所具有排斥感性的历史特点，使这种规范具有一种狭隘性、封闭性。尽管合入现象的天道具有了自然现象流转的活力和生动的弹性，但它有自己的结构，并以这种结构选择现象，也就是说，天道被人道扯入现象是有条件的，当它适应自然现象的周流变动的时候，它也要自然现象适应它的特点；它排除尖厉、粗重、偶然、沉闷、压抑的现象。

a——自然神毕竟是上升性质的，它在下降的同时，还同祖先神形成一种张力，表现为对自然感性现象的疏略、淡化，它不能超越出去，但仍可以使之疏散。

B——自然神被祖先神下引的第二个结果，是其具有明显的世俗性。它不是疏远人间，而是沉浸于人间亲情。因此，宇宙自然的东西就不是与人敌对的压迫人的东西，而是人的家园的一部分，自然人间化、家园化、田园化了，它是亲和柔媚的。

b——具有超越性质的自然神在被下引的同时，在向人间下降的同时，还保持着上升的力量，这就与世俗形成张力，出现超功利的空灵特色。

C——祖先神的本性是平面的、下引的、世俗功利的、事务的、局限的、实践的，它受自然神的牵引力而上升，因而具有了普遍、超越、神圣的意义。也就是祖先神的人间的低平切近，具有了自然神超拔的特点。祖先神的理性化具有了天道的意义和超越的高度。那么，对应于A，C的特点可以归纳为这样几点：第一，祖先神具有了圣人的地位，德具有了天的广阔性、高度。第二，稳定性，天的永恒性赋予祖先神或德以万古不变的长久性。将天道下引到人道中，这使人道离开了匍匐的地平，具有了形而上的意味，但也产生一种假象，似乎在这种隐含天道的人道中，就可以实现超越，满足人性中形而上的需求，这就导致超越需求的低层次满足。

c——祖先神的本性是向下的，德的功能是世俗功利的；祖先崇拜的特点是其贴近人间的功利性。因此，尽管有自然神和天道的上牵作用，下沉引起的张力仍然是存在的，因而德或人道本质上是狭隘的、局部的，圣人仍是面向人间的。

D——自然神将祖先神提升，或天道将人道提升的第二个结果是仁、德等实践性范畴具有了规律、真理等客观的意义。不仅是内在的精神具有这种属真的性质，而且其感性表面也结构化，成为有序的形式，"礼"就是行为的规范。礼作为仁的外部表现，与仁同样具有规范性。

d——尽管自然神赋予祖先神宇宙自然之节律以真的意义，尽管天道将自然法则的功能赋予人道，但是下引的祖先神或人道总是将这具有法则的客观意义的东西修正到社会功利性上来，法则不向外而是向内。

除了以上八个方面，还有四种关系：A与B，这是祖先神下引效果，即人世低度，内在整体流动；a与b，这是自然神张力效果，即淡化物象、空灵超脱；C与D，这是自然神上牵效果，即天道高度，形式规范；c与d，这是祖先神的调整效果，即专注人事，实用功利。

人类美学或曰世界美学的提出，意在探索最为普遍的美学规律，意在把各民族美学的共同性升华为世界美学的普遍规律，把各民族美学的相异性看作是对美学普遍规律不同本质层面的占有；看作是美学普遍规律的具体化；看作是人类美学规律系统受普遍性层次规范的类型性、特殊性、个别性层次。一句话，人类美学的研究是包容并超越比较美学的平行研究、影响研究的一体化研究、整一化研究。

清理人类美学的发展形态，会使人类美学的研究更具清晰的框架性。著名美学家周来祥先生在这方面做了卓有成效的研究，率先提出了美和艺术的三大历史形态，即古典和谐、近代崇高、现代辩证和谐，颇有高屋建瓴之感。周先生是从审美理想、美学主潮的角度审视世界美学的历史进程的，显得精当简约，可以说，这是一个了不起的贡献。

美学范式是反映一个时代的美学最为普遍的共性、最为基本的特性、最为集约的精神的范畴，是反映一个时代的美学跟另一个时代的美学整体区别的范畴。它作为最高、最普遍的美学规范，要求一个时代的美学，不管是主潮形态的，还是支流形态的，不管是理性色彩浓郁的审美理想，还是感性特征突出的审美欲求，都要接受它的制约，因而有着最广的普适性。正因此，研究美学范式的历史转换，可发现人类美学的普遍规律，并能为美学主要规律、基本规律的形成寻求机制。

人类美学的发展经历了依生之美、竞生之美、整生之美三大范式，并分别和人类的古代社会、近现代社会、当代社会相对应。

（一）依生之美

审美范式意义上的美，意义广泛而整一，它所包含的不仅是美的存在形态，还有美的欣赏形态、美的创造形态。也就是说，在美的欣赏与美的创造活动中，欣赏者、创造者与对象构成了一种更高的美态，更广大、深邃的美场，或者说，审美与造美的本身就是美，是审美场和造美场的美，是美与欣赏及美与创造复合、综合共生而成的美。

在原始社会、奴隶社会、封建社会，依生之美的范式，具有普遍的意义。

美是主客体潜能的对应性自由实现。主客体的关系，特别是两者对应性自由实现的关系，构成了美的矛盾结构和组织形式及生态过程。因上述关系的不同，导致矛盾结构、组织形式、生态过程的不同，造就了不同范式、范畴、形态的美。在依生之美的矛盾结构和组织方式及生态过程中，客体占据着本体、本源、主导的地位。首先，客体潜能的自由实现，表现为衍生和派生主体，形成客体化的主体，构成客体的对象化世界；其次，主体潜能的自由实现，表现为依存、依从、依同客体，从而使主体更加客体化；最后，形成高度客体化的一元整体。矛盾结构、组织方式、生态过程内在地决定了依生之美在本质上是一种客体之美或客体化之美。主客体的统一，或主客体潜能的对应性自由实现，只是造就客体之美或客体化之美的一种方式与途径。

原始崇高在远古是一种普遍的审美形态，是弱小主体依生强大客体形成的美。原始崇高的矛盾结构，表现为人与自然对立和人通过异己的力量消除对立，实现统一，这种异己的力量主要是神。原始先民以巫术礼仪、图腾崇拜方式，通神、悦神、感神、求神，以获得神助和神力，实现与被神控制的自然的协调。原始崇高作为一种典型的依生之美，在矛盾结构、组织形式、生态过程中表现出它双重的依生意义，首先是人依生、依存、依同神，构成人神合一之美；其次是人通过依生、依存、依同神来实现对自然的依生、依存、依同，即通过人神合一来构成天人合一之美。原始崇高的审美蕴含人神合一、天人合一，都是人对神、人对自然的依生形成的，或更准确地说，是一种理想、愿望形态的依生构成的。依生之美的范式严格地规范着原始崇高的矛盾结构和审美精神。

美在主客体潜能的对应性自由实现中构成，这里的对应与自由都有平衡与非平衡的差别。古代依生之美的范式规范了远古原始崇高主客体潜能的对应与主客体潜能实现的自由都是不平衡的。具体说来，客体的潜能即神与自然的潜能，在对应性实现中占据着主体的、支配的地位，有着很高的自由度，主体的潜能即人的潜能，在对应性实现中处于次要的、被支配的地位，自由程度很低。这样，依生之美的范式规定了原始崇高的本质是在实现的主客对立中，人虚幻地合于神、合于自然，或曰主客体潜能不平衡地对应性自由实现。

如果说依生之美作为主体统一于客体的美，在远古的原始崇高那里，这种统一是理想形态的、虚幻形态的，到了奴隶社会和封建社会，随着社会生产力的进步与提高，情形大为改变，即在主体依生客体的框架里，在主客体潜能的对应性实现中，主体一方虽不及客体一方自主、自由，但已改变了虚幻地依生、统一于客体的情态，朝着现实地依生客体和更高程度地理想地依生客体的方向发展。

奴隶社会、封建社会的依生之美范塑古代和谐的审美理想。古代和谐在总体上表现出主体源于、归于、同于客体的生态运动过程和动态组织形式。于西方来说，主要是神人合一的过程，于中国来说，主要是天人合一的过程。西方奴隶社会、封建社会的美学家所描述的宇宙生态过程，不外乎彼岸化生此岸，此岸趋于、同于彼岸的模式。柏拉图说："现实世界源于对理式世界的模仿与分有，主体通过逐级审美、灵感、回忆及建立理想国等机制趋于、合于、同于彼岸的理式世界，划了一个衍生、回生、同生的宇宙生态大圆圈，完备地展示了依生之美那历史与逻辑统一运动的'活态'结构。"古罗马的普罗丁更明确地描述了流溢与回归这一双向逆反的宇宙生态过程，完备地占有了依生之美的本质规定。他认为太一流溢出精神世界，继而流溢出物质世界，形成等而有差的宇宙三大层次，这是顺向的宇宙化生过程。而逆向的回生、同生表现为主体超越感性、超越自我、超越下界，心灵趋向理智、趋向太一、同于太一的历程，划出了人源于太一、回归太一、趋同太一的依生之美轨迹。中世纪的美学以创世与救赎的模式来显示依生之美的范式。上帝造出人与万物，人与万物以耶稣基督为榜样，趋向上帝与天堂，达到与上帝同一，这种神衍生人，人回归趋同神的生态模式，确证了依生之美的本质特征，即主客体潜能对应性实现的非平衡自由性。客体潜能实现的自由度很高，自主自觉的特征突出，主体的潜能实现须依赖客体，并在对客体的依存中获得局部的自由。这种自由是有限的，自主自觉的程度不高，这种非平衡性导致整体的自由度打了折扣。

　　如果说西方古代依生之美的最高形式是人依生于神，那在中国古代则是人依生于道，老子建构了中国古代依生之美的范式。所谓"道生一，一生二，二生三，三生万物"，属衍生的环节，而"人法地，地法天、天法道、道法自然"则是向道回生、与道同生的环节。道家重天道，儒家重人道，将伦理规范和宗法血缘制度道化，使个体依存群体、心理依存伦理成为人依生道的表现形式。道行天下成大美，在中国古代，不管是天人合一，还是人人合一，都应该看作是人依生于道。正是接受依生之美这一最高范式的制约，中国古代的天人合一之美与人人合一之美都是主客体对应性潜能的非平衡自由实现，在人与天、个体与他人或者个体与群体的主客对待中，主体均是在依存客体的前提下，趋同客体的过程中，对应性地实现自己的潜能，自觉、自主、自愿的自由度不高，而客体的情形则与之相反。

　　依生之美的古代范式不仅在审美构成上造成了向客体倾斜的非平衡结构，还在审美创造、欣赏等方面形成了相应结构。

　　在审美观赏方面，西方古代的亚里士多德倡悲剧审美的"净化"说，柏拉图倡理念审美的"回忆"说,看重审美客体对审美主体的同化,看重主体对客体审美认识的依赖。一句话,主体的美感和美感效益依生于客体。在中国古代,主张"澄怀味象""剔除玄览""悲落叶于劲秋,喜柔条于芳春""晴空一鹤排云上,便引诗情到碧霄",揭示的也是主体对客体的审美趋同,显现的是审美依生的规律。在审美创造方面,西方古代的摹仿说,中国古代的诗言志说、文以载道说,均偏重对客观世界的反映。中国中唐至明中叶,写心抒怀重于外向反映,然"心"与"怀",主要不是主体个性化的"心""怀",而是"理"化、"道"化的"心"与"怀",或曰道的对象化形态,客体性浓于、重于主体性,社会伦理性多于个体情趣性,显示了审美依生的规律更为强有力的制约。也就是说,古代中西方,不管是审美欣赏,还是审美创造,都是重在对客体的反映,而非重在对主体的创造,客体在矛盾结构、组织形式、生态过程中仍处在本体、本源、主导的地位。

(二)竞生之美

人类美学范式由古代的依生之美转向近代的竞生之美,美的矛盾结构与组织方式、生态过程发生了根本性的变革。在竞生之美中,主客体的潜能对象性地实现为对立、对抗的格局以及对立、对抗的结果:崇高、悲剧、喜剧形成以主体为本体、主导的审美结构,并最后走向悖论。在竞生之美的矛盾运动中,整体的态势是对立、斗争、分离和在对立、斗争、分离中形成统一及造成矛盾结构的震荡、扭曲与解体,不同于依生之美的矛盾运动的整体态势是趋同,是客体化整体结构的强化与纯化。在竞生之美中,主体不再满足在依生客体的对应性关系中被动地、有限地自由实现潜能,不再满足自身潜能的实现是客体潜能实现的表征、确证与增值,而是要占据矛盾结构的主导、核心地位,通过对客体的对立、斗争而把握客体、统一客体,并使客体成为自身的肯定与确证,成为自身的对象化,成为自身的一部分。

矛盾结构的方式或主客体对应性统一的方式,决定了不同审美范式的本质,决定了不同审美范式的美、审美、审美创造的本体与本源。在依生之美的范式中,由于客体化生主体,主体趋同客体,从而导致美、审美、审美创造的本体与本源均为客体。在竞生之美的范式中,主客体矛盾结构的方式或主客体对联应性统一的方式已迥然不同于依生之美了,它是主体在与客体的对立、斗争中统一或力图统一客体,主体也就顺理成章地成了美、审美、审美创造的本体与本源了。美是自由，美是人的本质力量的对象化，美是人化的自然或自然的人化，美是生活等诸多近代关于美的本质的学说，都明白无误地揭示了美的本源在人，美的本体也是人。以里普斯的移情说为代表的经验主义美学，除了确证美的本质、本源为审美主体外，还进一步确证了审美的本体、本源也在人，即欣赏者自身，审美的本质是自我欣赏，是对自身对象化世界的自我体验。近代的科学主义美学和新人本主义美学，诸如格式塔审美心理学，进一步通过揭示主客体同构对应的对象性关系，确定了美感的本质是自身情感结构的外向对应化，美感的本体、本源均为人的情感结构，外在的客体只是触发内在情感结构的媒介，它之所以成为媒介，也是因与主体的情感结构同构对应，而被主体所认同、所选择，成为主体内心的对象化世界，这就比移情说更深刻、更具体地揭示了美感的属人本体与本源。在审美创造领域，托尔斯泰认为艺术的本质是情感，克罗齐提出直觉即表现，弗洛伊德主张艺术是性欲的潜意识的发露。在他们看来，审美创造的本质是自我表现，审美创造是主体的物化、物态化或对象化过程，审美创造本源、本体的属人性也就不言而喻了。接受美学扩大了审美创造的表现主体，把审美创造的本体与本源从具体的审美创造主体扩展至广大的接受主体，可以看作是审美创造属人本体与本源的强化。现代主义和后现代主义的一些非理性创作，是作者情绪、意志、感觉的自由表现，没有确定的形态与意蕴，成为一个审美召唤结构，给欣赏者留下了自由创造的广大空间，有的艺术家公然宣称，他的作品是和欣赏者共同创造的，自己只是随意勾勒几下，外部完形及内在充实是欣赏者的事。欣赏即创造与创造即表现这两大命题的统一，使审美创造的属人本体与本源得到了更为全面的揭示。

竞生之美的范式逻辑与历史统一演进的第一个阶段是近代崇高。近代崇高展示的是主体在对立、斗争中统一或力图统一客体的历程。从古代的依生之美转变为近代的竞生之美，有一个中介环节——亦依生亦竞生的审美形态。但丁的《神曲》即是，《神曲》中，作为人类理智化身的维吉尔带领但丁游历地狱与净界，但丁年轻时倾心爱恋的比亚德里采则引导他升入高空，游历九重天堂，就这样，但丁凭借人的精神力量——卓越理智、圣洁爱情、高尚美德趋向天堂，与神统一。这虽然没有改变依生之美人统一于神的矛盾结构，但这种人统一于神却是以人为动力、为中心、为主导、为主动的，主客体统一的动力机制已发生了潜移暗转，即在依生之美的母体中形成了竞生之美的因素，或产生了改变依生之美矛盾结构方式、主客体统一方式的动因。竞生之美构成的直接原因或最为主要的原因，是人的强大、人的觉醒，特别是人的主体意识的觉醒。主体只有凭借自身强大的力量和强烈的自尊、自信、自强等主体意识，才可能构建起在激烈的矛盾冲突中把握客体的矛盾结构方式和统一客体的组织方式及形成主体化整体的生态过程。文艺复兴、启蒙运动对人的解放，对人的主体意识的唤醒，使在依生之美中潜生暗长的竞生之美形成了独立的审美形态——近代崇高。康德在博克的基础上，比较系统地论证了崇高的矛盾结构，认为崇高是主体与强大客体对立斗争、反败为胜的动态结构。他指出，两种崇高中的数学崇高体积无限大，人无法感知全部，形成了对象崇高自身渺小的感觉，在失败面前，主体的尊严与理性被激发了，他凭借想象把无法用感官把握的大物做整体的思维，从而把握了对象，产生了精神上的胜利感。而力学崇高，力量无比强大，主体无法与之抗衡，在恐惧中形成了对客体的崇高感。然主体凭借理性发现自己处于安全地带，对象再强大，也鞭长莫及，无奈我何，而我"乱云飞渡仍从容"，"景象越可怕，就越对我们有吸引力"，可以气定神闲地观赏之，这样，对象越强大，也就确证了主体越崇高。基于这种主客对立斗争的矛盾结构的历时性分析，康德确证了崇高的本体与本源在人："真正的崇高只能在评判者的心情里寻找，而不是在自然对象里。"在崇高中，主客体潜能的对应性自由实现，表现为主客体矛盾对立的动态格局和主体统一客体的矛盾对立结果。崇高是主体本质力量对强大、巨大客体的对象化，是强大、巨大客体对更强大、巨大主体的反衬、确证与肯定，崇高扩张着大写的人，显示出主客体矛盾对立的结构一步步地走向主体化的结构，走向以主体为宗旨、为目的结构。

竞生之美发展的第二个阶段是以丑为主格调的悲剧。在近代崇高阶段，主体与客体的矛盾结构是以主体为主导的，主体规范着矛盾运动的方向，控制着矛盾发展的趋势，把握着矛盾统一的主动权，制约着双方潜能对应实现的情状与格局。到了悲剧阶段，主客体的矛盾斗争进一步激化，主体面临强大客体的报复与惩罚，奋起抗争，或被毁灭，或被扭曲，或被异化，从而构成悲剧结局。在这一悲剧结局中，不管是主客体的矛盾对立结构的震荡、变形态，还是主体的扭曲态、异化态，或是客体的狂态、怪态、戾态都呈现出鲜明的丑的特征。

竞生之美发展的第三个阶段是以荒诞为主格调的喜剧。由于主客体矛盾、对立、冲突的再一步激化，矛盾结构趋于断裂、错乱、解体、零碎，走向孤立、孤独、孤寂，趋于虚无，形成悖论，构成哭笑不得的喜剧特征，进入亦悲剧亦喜剧的难堪境界。

竞生之美的范式贯穿着主体自由的审美追求与理想。这种自由理想体现为主体改变矛盾结构，支配与统一客体，以及通过对象化的机制，建造主体化的结构等。这种主体化的自由理想在崇高阶段得到了直接的实现，在悲剧的丑、喜剧的荒诞中也一以贯之，显示了竞生之美基本精神的整一性，显示了竞生之美所规范的审美理想的整一性。

悲剧的丑作为独立的审美对象，具备美的一般本质和竞生之美的特殊本质。丑表现为主体的异化、变形及主客体结构的扭曲，这一切都属主客体潜能的对应性自由实现，即双方激烈的矛盾、对立、对争的格局及其后果。主客体激烈的矛盾、对立、斗争，是双方典型的竞生状态，是双方潜能的对象性实现，但归根结底，是主体潜能的对象性实现。首先，竞生是主体对客体的竞生，主客体难以调和的矛盾对立，是主体把握、征服、破坏客体的行为引起的，主体的变形、异化，双方关系的扭曲，整体结构的无序，是主体行为的直接后果，均属主体的对象化，或主体本质力量的对象化。因此，主客体矛盾对立的结构实际上是竞生的主体结构的投影与延展，异化、变形的主体和客体，以及扭曲、无序的矛盾结构、组织形式——丑，都打上了深、浓的主体烙印，属主体行为的悲剧结局和必然后果。在丑的主体、客体和矛盾结构整体中，都可以看到始作俑者的"我"，都可以看到因无限扩张自己而破坏、损害自身、对象、整体结构的"我"。丑展开的是主客体竞生的过程与结局，但充溢着的却是一个"悲剧性"的"我"，这个悲剧性的"我"放大、流溢、贯注至客体与整体，成为对象化的一元结构。

丑的艺术离开对现实的真切摹写和对彼岸的美好幻想，创造出充满奇异、丑怪趣味的艺术家主体的对象化世界，变形地表现被主体"弄"丑或因主客体竞生而变丑的"自我""对象"及整个世界，成为艺术家悲剧意识的流露和悲剧体验、悲剧情绪及悲剧认识的表现，创造出高度主体化的悲剧性艺术时空。比如，卡夫卡的《变形记》就是一个典型的例证。

荒诞是主客体持续激烈的竞生，即主客体发展到极致的矛盾冲突，导致本已扭曲、无序的结构断裂、破碎、解体，主体失落、茫然、虚无，无目的地游离，无所适从地存在，周围的一切变得陌生荒漠，变得与己无关，自身与环境似乎都变得似在非在，变成一种无规律、无目的的存在。如果说悲剧的丑使人深重得笑不出声、哭不出泪，那喜剧的荒诞却让人哭笑不得。在竞生之美产生、发展的历程中，主体力求通过对立斗争，即与客体的竞生，发迹矛盾的格局，形成稳定有序的主体化结构，在崇高阶段初步地达到了，在悲剧阶段偏离了目的，主体化是达到了，但整体结构处于震荡、摇移、无序的状态中，在喜剧阶段，则失落了目的，主客体结构处于分崩离析状态。主客结构的崩塌，作为主客体竞生的无言、无形的结局，隐含着发展到极致的无目的、无规律的主体性。

与丑的悲剧一样，荒诞的喜剧主要的审美形态是艺术。一些荒诞派剧作家营造非现实化的幻象、幻境，理性地表现对荒诞现实的意识，从形式到内容都艺术家主体化了，现实的客体性已成了淡远的依稀莫辨的背景。像《等待戈多》《未来在鸡蛋中》《阿美戴或怎样摆脱它》等均以非客体化、非现实化的主观幻境，表现了主体无规律、无目的的荒诞生态，以及艺术家的深沉慨叹与无穷忧患，主体性显得更为内在。

西方近代以来的竞生之美，主要在人与自然、个体与社会之间展开，表现为主体化结构的建构、扭曲、解体；中国近代以来的竞生之美，主要在心理与伦理，人民与封建主义、殖民主义、帝国主义之间展开，表现为主体结构的形成、否定与超越，两者都经历了崇高形成、否定、解构的生态运动过程。仅就中国来说，《牡丹亭》通过情与理的冲突及情对理的胜利，建构了心理崇高；《金瓶梅》是情、理、欲的冲突与相互否定，是主体结构的扭曲变态与丑化；《红楼梦》显示了宝黛之情、玉钗之欲、贾王之理（指贾政、贾母、王夫人等代表的封建伦理）的网态矛盾对立，是宝玉对众女之爱、对黛玉之情、对宝钗之欲无法俱全，爱、情、欲冲突无法解决，不得以出家而超脱、超越现实关系的展示，同属主体化的悖论。西方竞生之美最后走向对主体化结构的实际解构，留下结构断裂后的碎片，中国则走向对主体化结构的超越，把无序的结构弃置凡尘、弃置一边不顾。心理领域的竞生之美如此，社会领域的竞生之美也如此。中国人民反封、反帝、反殖民主义的斗争形成了主体把握客体的趋向与现实，建构了主体的红色崇高；"文化大革命"悲剧性地扭曲了、变异了社会结构，王朔等喜剧性地玩弄、调侃了崇高，均是对崇高的否定；《一地鸡毛》《上海宝贝》《糖》逃离了、背弃了、放逐了崇高，专注于非崇高的琐事和原始感觉与欲望，也是对崇高的超越，属于对崇高的别种解构，对主体化结构的解构。中国竞生之美通过超越、超脱的方式来解构崇高，解构主体化的结构，显然跟道、佛文化的出世思想有关。

（三）整生之美

竞生之美的解构结局是人类无限度地高扬主体性和无限度地追求一己目的的反讽与警示。无规律、无目的的荒诞处境使主体意识到必须在合规律的前提下才能合目的，必须顾及对象的目的与服从整体的目的才能合自身的目的。人们的审美意识发生了质的飞跃，整生之美的范式逐渐产生。

共生是整生之美的重要概念，从发生学的意义上讲，任何主体与客体，都是为整体孕生的，双方的对应性关系，均是为整体规定、规范的，双方潜能也在整体的制约下耦合实现，结晶出整体的新质。

从存在学的角度看，个体必须处在相协的群体中才能持续存在，脱离了共生关系，个体不可避免地趋向衰落与灭亡。在原始森林里，一个物种与几十个物种相生、共生，其中任何一个物种的毁灭，均导致其他物种和整体的衰落与消失。存在意义上的共生，是个体与群体相生相克的衡生与协生。衡生是整体各部分相生相克的结果，协生也形成于整体各部门相生相克的综合作用。协生是整体自发展的机制，衡生是整体自稳定的机制，这两大机制的统一形成了整体稳态存在与发展，即共生、共在、共荣的自身条件。不管是衡生还是协生，均把古代的依生之美和近代的竞生之美的合理成分包含其中，可以说，古代的依生之美和近代的竞生之美是参与了当代整生之美的共生的。

共生是事物产生发展的普遍规律、深层规律，也是美的普遍与深层的规律。美是主客体潜能共生的，即在协生与衡生的耦合性关系中共生的。在美的生成中，主客体潜能的对应性关系是相当重要的，它制约着美的矛盾结构、组织形式与生态运动。正是凭借耦合性关系，当代的美形成了主客体潜能协生、衡生最终共生新质的矛盾结构运动与动态组织形态。

整生之美的整体结构既不是客体化的整体结构，也不是主体化的整体结构，而是主客对待、耦合并共生新质的整体结构，是真正意义上的系统结构、系统生成的结构，更具体地说，是主客体潜能耦合运动、共生系统新质的整体结构。正是凭此，整体结构的美质既不是客体潜能的单生质，也不是主体潜能的单生质，而是主客体潜能的共生质。整体结构的矛盾运动，既不是客体对象化的量变运动，也不是主体对象化的量变运动，而是主客体耦合的质变运动——共生新质的运动。在这共生新质的质变运动中，通过主客体潜能协生、衡生的机制，有机地纳入了客体对象化的量变运动、主体对象化的量变运动，使之成为自身的合理成分。

以主客体潜能耦合共生新质为特征的整生之美，既有当代科技综合化、经济集约化、政治多极化、人与自然协同持续发展等共生态整体文化背景，具备了自身得以产生、发展的历史基础与现实条件，又实际地向美学理论、审美、造美、美的存在等诸多领域拓展。整生之美已初成气候，并显示出光辉灿烂的前景。

在美学理论领域，近年来较有影响的审美场理论、审美文化理论，均可划入整生之美的范畴。审美场的理论阐明了主客体相吸相引、相聚相合、同化同构，不断升华、扩展、创造审美境界的美学规律，揭示了审美主客体共生审美场、共创审美新境界的审美本质。审美文化理论倡导审美的生活化、大众化，提出了审美式生存和生存式审美的观点，在大众审美活动中，在主客体潜能的对应性实现中，创造出生态美的系统新质，体现了主客体潜能耦合共生整体美质这一整生之美范式的精髓。

初现端倪的整生之美，形成了生态美、环境美两大基本的审美形态与范畴。生态美指的是主体在日常的生活、工作过程中，其潜能与客体的潜能耦合性自由实现，所构成的美生境界。这种美生境界包括美的生存状态、生命流程、生态关系。黄理彪博士在他的学位论文《图书出版美学》中，辟专章论述出版流程的美，指出图书出版工作者在组稿、编辑、印装的工作过程中，遵循图书出版的规律和审美化地生存、实践规律，主客体之间形成了动态发展的和谐自由的关系——美。这种工作过程的美生境界，可以看作图书出版工作者的生态美。生态美从两个方面体现了整生之美的精神，一是美生境界这一整体结构的美，是主客体潜能耦合共生的，像一个单位，个体与个体之间相互帮助、相互制约、整体协同、共生出宽松和谐、严谨有序的群体美生境界；二是美生境界对应着主体日常的生活、学习、工作过程，两者叠合，构成了四维时空的整生之美。

环境美是主体与他人、主体与生存的具体场所因潜能适构或同构而耦合共生的美境。环境美主要有自然环境美和社会环境美，并相应地建立在自然美和社会美的基础上。社会美、自然美离不开主客体潜能的耦合共生，社会环境美、自然环境美则是主客体审美潜能耦合共生的。

环境美的构成有三方面的条件，首先是客体的属人性，它环绕主体而存在，是人生存活动的具体场所和人与人的具体关系，是主体认同与倾心的审美对象；其次是客体的为人性，它适宜主体的生存发展，具备生态美的特质；最后是主客体的审美同构性，指的是主体的美质美趣和客体的美质美征的同构性，这是一般形态的社会美、自然美转化为环境美的关键。《红楼梦》大观园中的潇湘馆，成为林黛玉的环境美，就在于场所的偏僻冷静、竹子的尖刻与清冷所构成的美质和美征与林黛玉孤傲的美质和清雅的美趣达到了同构对应。显而易见，这一环境美是林黛玉与潇湘馆的审美潜能同构对应共生的。

主客体同构共生环境美，有一个双方审美潜能耦合化的过程。构成耦合的协生与衡生，均离不开主客体的相生相克，这种相生相克可表现为同化与顺化。在持续性展开的审美过程中，主体被环绕自己的审美对象所陶冶，美质美趣潜移默化，逐渐与之达到了审美同构，对象也就成了自己的环境美，这是主体对客体的审美顺化而达到双方审美潜能的同构而共生出环境美。另一种情形是主体按照自己的美质美趣，改造环绕自己的审美对象，达到双方的审美同构，使之成为环境美，这是主体对客体的审美同化而达到双方审美潜能的同构而共生出的环境美。当然，主体同化客体而同构共生环境美，也可通过审美移情的机制实现。主体面对审美异构的对象，"以我观物，使物皆着我之色"，双方凭此而同构，对象也就成了环境美。"我见青山多妩媚，料青山见我应如是"当属这种情形。

环境美对整生之美的本质占有与深化，除主客体潜能耦合共生整体美质外，还进一步达到了主客体审美潜能耦合同构共生整体新质，使主客体潜能耦合共生系统美质的整生之美的本质进一步具体化、深刻化、拓展化、丰盈化。环境美作为一种稳定的、持续展开的审美对象，和生态美一样，四维时空地展开，跟主体生命活动相始终，整生之美的特性愈发突出。

整生之美的范式及其生态美、环境美范畴，集中地显示出浓烈的美生精神。可以说，美生是当代的审美精神，是当代的审美追求、审美理想，就像和谐、自由分别为依生之美、竞生之美所范塑，成为古代、近代的审美理想一样。美生，从纵向来看，主体每时每刻、每处每地都与客体凭潜能地耦合，共创生存状态、生命流程的美，美随身、随行、随言而生，弥漫于主体活动的每个空间、主体生命的每个时刻，主体对应、关联的每个对象之中；从横向来看，主体潜能的各个方面均与客体潜能耦合共生成美，从而美态环生，美境环列，形成共时的审美对象群落。这样，美生达到了历时的持续悠久，共时的丰盈广博形成立体推进的态势，集中地体现出整生之美的精神，以实现绝对美的理想。

审美范式的历史转换，带动了它们统摄的审美理想、审美的主要范畴的同步转换，具体言之，随着审美范式由依生之美向竞生之美、整生之美转换，审美理想也由和谐向自由、美生转换，审美的主要范畴也由壮美、秀美经由崇高、悲剧、喜剧向生态美、环境美转换。美学多层次统一的受审美范式规范的立体转型，确证了审美范式巨大的张力与聚力，确证了审美范式是每个时代的美学网络的网纲。把握了时代的审美范式，也就整体地把握了时代的美学系统，弄清了审美范式的发展变化的规律，也就把握了美学发展变化的总体规律，真可谓审美范式是纲，纲举而目张。

第四章　中西美学的各有千秋

中国美学和西方美学各有千秋，但如果就每个细节来进行比较，则过于琐碎且无法找到比较的线索。泛泛而谈的比较对于澄清两种美学传统的主要特点来说意义不大，因而有必要从中西方文化心理的角度，抓住一般美学理论中三个最重要的核心范畴——美、艺术和美感，来对这两种截然不同的美学进行一番比较。

西方人将华夏文明视为他者，个中情形不尽相同。有些人怀有"东方主义"优势感，有些人却是出自中西沟通的真诚；有些人对中国的文字和文化了解较少，完全以想象取代知识；有些人穷尽毕生之力学习，在同和异中寻找贯通之道。中西的差异本身并不是中西对立论的根源。中华文明与西方文明的差别，从美学取向上来看，表现为"崇德"与"尚力"的差别。这种差别，在社会行为、价值取向、文化艺术等各个领域，都有非常明显的体现。英国大哲学家罗素说："中国有一种思想极为根深蒂固，即正确的道德品质比细致的科学知识更重要。现在的西方人正好走向另一个极端，认为技术上的功效最为可贵而道德毫无用处。"西方文明中的"尚力"基因从罗马一路遗传下来。西方人从尚力，进而发展到尚武——征服——扩张——霸权，这是一种必然的逻辑。大凡历史上建立了不朽地位的帝国，无外乎做到了"文治"或者"武功"，有的是二者兼有。从罗马的历史来看，它之所以被称为"伟大的罗马"，完全要归功于它那堪称"前无古人，后无来者"的"武功"。对于这一点，罗马史诗《埃涅阿斯纪》就做了明确的宣言。

历史地看，20世纪的中国美学始终处于风风雨雨的文化转型时期，这一时期的美学尽管受到社会动乱、偏激思潮和专制型意识形态的多次阻滞与干扰，但总体上还是维系着由传统向现代、由锢闭向开放、由稳态向动态、由守望向创新的逐步演进态势。相应地，历尽百年沧桑的中国美学流变，也彰显出类似的特征，而且从其发轫之初，就是在新旧之学的鼓荡互动和中西美学的碰撞磨合中，着力探寻着融会贯通与创新超越的可能途径。

一、文化碰撞中生成的美学形态

文化作为人类生活方式与生活环境的总和，包含着诸多社会决定因素，全方位地影响着人的存在、思维、行为、交往、自我表达、情感流露及解决问题的方式等。在每个文化之内，这些因素起码具有双重效能，一方面，表现为霍尔所谓的"趋同场"；另一方面，则构成特殊的"防护网"。前者促使每个民族根据有意识或无意识的选择原则，于不断深入强化自身体验和身份认同的过程中，将各种导向社会谋生与环境适应的差异行为转化为相对一致的模式；后者在团体包容及其相互间的边界规定、文化传播与社会文化心理等领域，兼顾着防御保护和隔绝疏离的作用。在这种"场"和"网"中成长起来的人们，会对自己的文化特质产生必然性的偏爱，会把它们当作悠久而亲近的住宅家园一样加以精心呵护。因为一旦失去这些东西，人们就会觉得整个世界变得毫无生气、苦不堪言。不过，若把这种偏爱推向极端，那就无法客观地认识自己文化的真实面目，更遑论批判或补正其内含的不足与缺憾了。结果，这"场"和"网"会演变为抱残守缺的屏障，趋于消极的守恒状态，最终会像各类有机体一样，难以超越自身的生命跨度，会随着自身活力的衰退而坠入施本格勒所言的文化周期性，即从朝气蓬勃的青年期经由强健有力的壮年期，最终沦落到渐趋崩溃的老朽期。

不过，文化的这一衰变沉浮过程，未必就像施本格勒所说的那样绝对，相反，其可能新生或复兴的契机往往存在于它自身同异质文化的碰撞中。高能物理实验表明，两个粒子在加速器的作用下对撞，会产生数倍于原有能量的增值效应。跨文化研究发现，两种异质文化在一定的历史条件和时空背景下发生碰撞，也会激起火花四溅的景象与互动性的磨合，进而导向文化的变革、发展乃至创新。这其中的缘由，首先，在于打乱或冲破了原来的文化"趋同场"和"防护网"。这样，会激活人们的文化批判意识和文化比较的敏感性，会促使人们走出已往习惯性适应的旧巢，借助异质文化的光点或文化碰撞的火花，在反思和比照中重新审视自己文化的利弊与可塑性，并且根据自身的需要，在寻求尽可能迅速摆脱困境之方式的同时，有选择地从其他文化系统中汲取营养或可资利用的成分，进而与自己文化中的相关部分加以重新熔铸，组成自己的文化特质。其次，重在沟通、建设而非干预、征服的文化碰撞，会通过开放而平等的对话交流，拆掉文化各个部分之间的壁垒，超越东方与西方、传统与现代之间的"楚河汉界"，使隔绝转化为互通、分离转化为融合、冲突转化为共存，"一分为二"的边界转化为"合二而一"的边缘。这一边缘具有强大的放射性和贯通力，"是文化种种对立二元之间或多元之间相互对话和交流，不断生发出新气象的地带，也是一个开放的和多元共存的地带。这个'文化的边缘'就像文化的'核子'，不同要素在这接触和融合，滋生出新的东西，并迅速向周边扩散，有效地改变着人们的意识和文化本身。"

从学科的一般规定性上讲，"无中生有"的中国近现代美学正是中西文化碰撞与创造性磨合的产物，或者说是诞生于中西文化之"边缘"地带的"新婴"。宏观上，其理论基础主要源于德国的古典主义美学和中国的儒道释思想，其理论形态也表现出相互别异但又彼此联系的特点。根据目前的研究结果，有的学者主要从文艺社会学的角度出发，将其宏观地归结为功利主义和超功利主义美学形态；有的学者从艺术哲学的角度出发，将其划分为古典和谐型与新兴崇高型美学形态。当然，我们也可以从相对微观的风格、旨趣和理论导向出发，将其细分为以王国维为代表的意境诗学，以蔡元培为代表的美育学，以朱光潜为代表的静穆美学，以宗白华为代表的体验美学，以蔡仪为代表的马克思主义美学，以李泽厚为代表的实践哲学美学等。它们之中有的侧重于探讨艺术创造的合规律性（如意境说、古雅说和典型论）；有的侧重于论述启蒙教育的合目的性（如美育说和趣味说）；有的侧重于思索人格的修养和人生的艺术化（如距离说和审美境界说）；有的侧重于揭示艺术欣赏与审美体验的本质特征（如审美层次说和积淀说）。但从跨文化研究的角度去审视，这些宏观与微观的美学形态，都不同程度地呈现出中西融合的共性。

二、中西美学互动的三种模式

（一）片断性的因借发挥

进入20世纪后，中国内忧外患，许多有良知、有抱负、有民族气节的知识分子"上感国变，中伤种族，下哀生民"（康有为语），均以各自可能的方式探寻着救亡图存的文化革新之道。此时的"西学东渐"或文化转型，已从原来所偏重的文化器物层面（如船坚炮利）转向文化制度层面（如教育制度）和文化观念层面（如科学、哲学、美学、文学艺术）。虽然"旧学"（中）与"新学"（西）之争仍在继续，但"青山遮不住"，前者势运日衰，后者精进如斯，蔚然已成显学。在这种社会大环境下，"学无中西"（王国维语）和"别求新声于夷邦"（鲁迅语）之类的呼声日见高涨，形形色色的西方思想理念像潮水般涌入我国。在当时的中国美学和文艺界，这一趋势也构成了一道热闹的风景线。不少从事美学译介或文艺研究的学者，出于文化革新或社会改良的愿望，怀抱"它山之石，可以攻玉"的方策，一方面批判守旧，一方面积极引进，在紧锣密鼓中"你方唱罢我登场"。

这便是中国美学在学科意义上的初创阶段。在当时特定的历史文化条件下，开山之师们不大可能、也无暇顾及系统地了解和研究西方美学源远流长的全貌，而是根据社会文化需求、个人的兴致所好与理想追求，在西方美学理论思想史的横断面上截取了一些影响较大的学说，如康德的"审美无利害说""优美与崇高说"，席勒的"审美游戏说"和美育论，叔本华的"生命意志说"和"静观论"，尼采的"超人天才说"和"悲剧论"等，继而联系中国文艺传统中的相关因素，借题发挥，大加张扬。这其中不乏片面的理解、机械地照搬、有意地夸大、概念的套释、牵强附会的取证、文本的误读和挪用、语境的错位和变形，而且在学术规范上也显得松散、随意，甚至杂乱无序。从学理上看，所有此类弊病显然是缺乏系统研究或片断性因借的必然结果，但从文化碰撞与文化选择的角度看，上述现象在一个急于救亡图存的社会环境里又显得那么自然而然、不可避免。

（二）系统化的学科架构

"五四"新文化运动将中国美学研究推向新的台阶，特别是开创性的美育实践，不仅利用美学辅助文艺一同担负起民众启蒙教育乃至改造国民性的重任，而且在相关学者中激发起建构美学学科体系的热情和努力，从而使系统化美学研究模式应运而生。该模式的主导宗旨在于参照和借用西方的科学研究方法，筛选和吸纳中国治学传统中的有效成分，由浅入深、由点到面、由局部到整体地梳理和厘清美学的历史沿革、文化背景、研究对象、基本范畴、理论形态、哲学基础等方方面面，进而确立其学科架构，完善其理论体系。这样不仅有利于消除和补正片断性美学研究的种种偏颇，而且有利于深化艺术批评和文艺学研究，同时促动了中国美学思想与部门艺术美学的系统研究，堪称中国近现代美学发展的逻辑必然。

国内建构现代美学体系的努力在20世纪三四十年代取得了显著的成果，以吕澂、陈望道、范寿康、李安宅、朱光潜、蔡仪、傅统等人为代表的美学家，相继撰写出诸多部题为美学、美学概论、美学纲要、文艺心理学以及西方美学史之类的专著。他们或从知识的真、善、美三分法来界定美学学科的特征；或从学术、精神、价值和规范角度来分析美学的性质；或从主要的美感理论形态来组合美学的发展体系；或从艺术创造的合规律性出发来批判旧美学，建立新美学。虽然有的观点失之简略，有的地方稍显浅泛，有的结构难免雷同，有的学说显露出照搬或挪用的痕迹，有的论述残存着机械或强辩的色彩，但总体上是在不断追求完善的过程中，系统地勾画出这门学科的基本特色及方法原理。与此同时，系统化模式也有效地促进了中国艺术美学的体系化研究，从而为日后建立中国古典美学思想体系奠定了基础。这方面的突出成果甚丰，如朱光潜的诗论，丰子恺的画论，邓以蛰的书法欣赏，李泽厚、刘纲纪、叶朗、敏泽等人的中国美学史⋯⋯从论述方法和体系结构上看，尽管其中不乏理论的因借、概念的嫁接、语义的转换，但基本上还是立足于中国的文化背景与思维传统，从纵横两方面展现出中华美学思想的发展经纬和独特风貌。

（三）中西会通式的理论整合

从中西文化碰撞与磨合的夹缝中发展起来的美学，始终伴随着不同形式的中西美学比较过程。这种比较需要跨文化研究的学术视野，平等的对话意识，学贯中西的学养和会通学理方法的能力。唯此，才有可能通过相关的理论整合而有所创建、有所超越。

所幸的是，中国近现代美学界的确涌现出这样一些特殊人才，如朱光潜、丰子恺和宗白华等著名美学家。他们的共同之处在于到海外接受过系统的学术训练，习得西方文化与美学的科学精神，也谙悉西方学理的要求及规范，又都从小接受过中国文化的熏陶和传统的教育，具有深厚的国学功底和东方特有的妙悟智慧，同时自觉地担负着创造中华新文化的历史使命和热衷于人生艺术化的理想追求。

就其成果而言，朱光潜早期所著的《文艺心理学》和《谈美》等书，总体上是以西方近现代重要美学理论为主干，利用语义转换、观念比较和取证于中国传统文艺理论及诗歌范例的方式，有效化解了外来学说的生疏与隔膜，如借助中国古代文论中的"情景交融"和"超然物外"说分别诠释里普斯的"移情作用"和布劳的"心理距离"论。他所著的《诗论》一书，在会通中西学理和整合中西诗学理论基础上，通过科学的分析和对比中西诗歌的节奏、声韵、音波、情趣、意象、句法、韵法等要素，揭示了中西诗歌艺术的不同特征，其恰当的体例、严整的逻辑、缜密的求证和平实的结论，为创设中国现代诗学和中西比较诗学树立了一个新的里程碑，相比之下，丰之恺、宗白华二位先生更多的是从书画艺术的角度对中外美学进行比较研究，他们对中西绘画的审美理想、价值特征、创作规律和构成要素的相应功能等方面，做了开创性的研究比较和理论归结，并对其发展方向提出了有意义的前瞻性展望，其学识和风范均为后学树立了榜样。

三、跨文化美学研究的学理要求

一个学科的发展水平主要体现和落实在"述"与"作"的成果形式上。如果前者（"述"）侧重于转述和承传前人学说的话，那么后者（"作"）则要求超越前说和实现理论创新，即发前人之所未见与未言。从中西审美文化碰撞与磨合中发展起来的中国近现代美学，历经百年的跨文化互动与会通，取得了长足的进步，但总体上处于"述"多于"作"的层面。因此，出于创新和超越的目的，有必要重新审视和定位跨文化美学研究的这一有效途径。当然，在新的历史条件下，这将涉及更高的学理要求。

（一）跨文化美学的超越性

"跨文化"是一个外来术语，这个笼统的汉译名同时表示三个不同的英文概念，即 cross-cultural、inter-cultural 和 trans-cultural，这实际上包含着三种形态的跨文化研究方向。具体说来，这三个复合词是由同一词根"cultural"加上三个不同前缀"cross-""inter-"和"trans-"构成的。在这里，"cross-"包含着"横过""穿越""交叉"等意思，"cross-cultural"表示"交叉文化或交叉文化地域""涉及多种文化或文化地域"；"inter-"一般包含"在……中间"，"在……之间"或"在……内"等意思，"inter-cultural"表示"不同文化间的"；"trans-"包含"横穿""通过""贯通""超越""胜过""转化"等意思，因而"trans-cultural"通常表示"跨文化""交叉文化""涉及多种文化""适合于多种文化""超越文化"。

跨文化研究的基本特性在于比较，也就是在两种以上的文化之间进行比较。这种比较的目的和范围是多样化的，或帮助解决不同文化背景的人们在社会交际中所遇到的实际问题，以期取得相互理解或真正沟通的效果；或总体性或局部性地探讨不同文化中的文学、艺术、宗教、哲学、历史、政治、经济、科学技术、社会制度与生活方式等领域的各自特征和可比较性；或研究不同文化中某个共同感兴趣的专题论述或相近时代两位历史人物的某一思想侧面等。但在终极意义上，跨文化研究更多的是追求创造性的转化和可能的超越，也就是在文化（特别是理论）互动与整合的基础上进行会通与创新。比如，在器物层面，梁思成开创的中（大屋顶）西（多层楼体）合璧式的现代建筑就是典型的例证；在观念层面，王国维的"境界说"显然是以跨文化的研究方式会通康德的"精神说"、席勒的"审美王国论"、佛教的"境界"概念与中国传统的"意象"、"情景"和"自然"等艺术思想的结果。

所谓"跨文化美学"，本身就包含着"超越"的内在目的性。它预示着一种科学方法，一种在跨文化形态中进行系统和深入比较研究的方法，不仅涉及西方与东方，也涉及现代与传统。它旨在从可靠而翔实的历史和文化语境出发，对相关的理论和概念形态进行客观的比较或别异，进而探讨会通与整合的可能途径，最终追求独创性的超越或超越性的创新。这一过程容不得"短、平、快"的急功近利做法或华而不实的浮躁心理，而是需要学贯中西的素养和脚踏实地的、积厚而发的学风。

（二）平等的对话原则

对话是人类特有的一种历久弥新的交流方式。充满宽容、动态、开放和自由等特征的对话，是激活思想和实现真正沟通或相互了解的前提。另外，对话也是构成经纬式话语网络的重要机制，这种网络通常交织在天人之际、人人之间，以及读者与作者、读者与作品、作者与作者、作者与作品之间，具有明显的互动作用和由此引发的创新契机。在实际运作过程中，历史与现代、古人与今人，都会不同程度地被纳入对话的网络之中。这就是说，我们除了"究天人之际"，还需"通古今之变"，要与历史对话以知兴替或吸取教训，要与现实对话以知来者或善于应对。再者，在精神层面上，对话是一种"全新的意识和生活方式的'隐喻'"，它打破了"二元对立"的模式，拆除了表象与真实、感性与理性、物质与精神、有限与无限、东方与西方、传统与现代等二分式对立范畴之间的"界墙"，通过彼此之间的对话形成丰富的精神生活与"文化的边缘",从而有助于建立真正的人伦关系和实现与他者的心灵沟通,同时有助于滋养出相对纯洁的精神境界与审美趣味,进而转化为对高雅型审美文化的追求。这种追求在激发灵感和导向创新的同时,也"必将促成当代人精神向更高的层次发展,也会使当代艺术更加丰富多彩。对话精神如果得以实现,我们的文化就会一步步走向世界古哲们梦想的真、善、美一体的境界,成为人人向往的审美文化"。

在跨文化研究中,对话精神特别需要一种真诚而开放的平等意识。在这里,平等的意识主要是指参与对话的各方,在对话过程中都享有平等的地位,都否认片面的权威或对真理的独占,反对固执己见或差强人意的做法,同时摒弃文化偏袒或非此即彼的倾向,更不用说唯我独尊的话语霸权行为或随波逐流的从众心理了。在交谈中,对相关论题各抒己见,即便出现争论,也是善意的和建设性的,其争锋所至,只针对问题的所在,而不掺杂其他无关的负面因素。倘若得出结论,取得共识,那是万幸,皆大欢喜;倘若没有,那么对话双方可以自由地带着自己与他人的想法离开,经过进一步的反思以后,来日再会谈、再交流、再追问。在平等意识引导下,个人的见解和智慧与他人的见解和智慧互动,更多的问题与难题相遇,必然会使对话过程更富有活力、动态性和创新的可能。然而,在实际对话中,我们往往会陷入由自信与不自信所构成的连续统一体内。建立在科学认识基础上的自信无疑是一个积极因素。但自信过度者,经常会有意或无意地以权威自居,自以为真理在握,把对问题的解释权划归己有,其结果只能促使他人出局,消解对话的活力。相反地,缺乏自信者,则会在自己认为的权威面前出让话语权利,膜拜于对方的逻各斯脚下,结果沦为点头称是的人。

当然,平等的对话原则还要求对话者具有"自我反思"的能力与"自觉批评"的意识。前者不仅要求对他人的解读方式与释义结果进行反思,而且要求对自己的解读方式和释义结果进行反思。同样,后者要求对自己理解上的偏见进行批评和消解,而且要求对研究对象可能存在的缺失加以揭示和评判。诚如倡导中西比较哲学研究的学者拉巨(P.T.Raju)所建议的那样:"在历史长河中,东西方直接或间接的相互接触和影响与日俱增,作为历史个体的人,现在没有一个纯然是东方的或西方的。当今时代需要我们对人类和宇宙的综合概念取得相互的理解与发展,因为整个世界越来越自觉地由部分走向彼此联结，不同的文化及其哲学也在相互撞击……这就需要进行不偏不倚的或超越成见的研究比较，尤其是在有关人的问题上，要竭力保持一种绝无偏见的、不以自我为中心的和开放的心灵……要积极开展自我反思与自我批评。笛卡尔要求哲学家在思考之前须先铲除所有偏见。培根建议要打破所有'偶像'。否则，我们评判他人的准则必将是主观的和暂时的，而非客观的或普遍有效的。"

（三）多维度的诠释意识

在遵循平等对话原则的同时，多维度或多层面的诠释意识也是必不可少的。这其中首先涉及"无限的交流意志"，这种交流旨在取得相互的理解和真知灼见；旨在发掘世界与人生的深层含义；旨在重构人格和完善人性。按雅斯贝尔斯的话说，它在某些方面类似于"心灵的交感"，必须是开放、热烈、坦诚和深刻的，它要求我们不仅要与周围显豁易见的、习以为常的或者人人都接受的事物相交流，而且要与棘手的、有争议的、对其一知半解的以及为我们的意识和能力所限制的事物相交流。这既是人类之间的交流，又是对符号或密码加以接受和领会的交流，是为达到最高境界而必须付出的永无休止的努力。事实证明，人与人、人与社会、人与自然乃至人与解释学所说的各种"文本"，在思想、情感、知识等方面的交流是无止境的。一次邂逅、一次知遇、一次凝照、一次解读（特别是跨文化的文本解读），只能获得初步印象，了解某个侧面，看到序列中的部分环节，解释篇章中的部分含义。但是，这却不断刺激和强化人的交流欲望。人类的本性也果真奇妙，对未知的彼岸世界总是充满无限的追慕之情。于是，从古至今，先贤们演示了一幕幕"路漫漫其修远兮，吾将上下而求索"的人生实践系列剧。

其次，包括"批评的循环"观念。实践证明，我们对某一文本的理解与释义，之所以持有现在的看法，是因为有证据在，而且可以证明。然而，每当发现新的和相反的证据时，我们乐于改变原先的看法。可是，在这一刻到来之前，我们尚无理由不相信我们所相信的东西。不断地发现旧释义的不妥当性，不断地建立起新的释义，这便是他所谓的"批评的循环"的要旨所在。我们从事跨文化研究，本质上也是一种开放性而平等的对话过程。在此过程中，有必要以"批评的循环"方式来解读文本。因为，这种循环诚如海德格尔所言，是构成一切理解的基础。用我们的话说，它是提高对话质量的动力。

另外，诠释意识也关系到"视界的融合"这一重要的辅助因素。按照伽达默尔的有关说法，对文本的历史理解既不是主观的又不是不可能的，因为文本不只是过去的一篇东西而已，它只要被人阅读，就会继续产生含义。然而，文本是受语境制约的，是以一种兴趣视界即读者内心引入文本的语境形式呈现在读者面前的。这种释义语境严格说来属于解释者所认为的语境，是受他置身其中的传统限定的，而本文一般又是这一传统的组成部分。这样，对于过去的理解自然要受到对当前情境的理解的影响，对于文本的释义也自然受到自己的历史情境和某种利害关系的制约。这样一来，释义者受语境束缚的视界，因其开放性和灵活性而得以扩大，从而将当前的视界与过去的视界包容在一起，由此产生出一个新的视界。就是说，"这种融合包含了一种当前视界的扩展，因为据说历史研究常常就是去消除某种偏见并诱发宽容。另外，这种融合还包含对过去视界的一种凝聚，从而使仅属暗示的东西成为那一视界的明确因素。"其结果，我们面对过去的文本，会"思接千载"，会联系现实，也会跨越一种文化语境而进入到另一种文化的语境，从而开辟出有利于创新的跨文化边缘地带。

（四）点面相济的比较方法

真正科学的跨文化比较研究是全面而系统的，反之，仅局限于类似概念（点）的比较而忽视其相关文化背景和理论体系流变（面）的研究。常见的所谓比较，概括起来大概有自以为是的"相互攀比"式、"对号入座"式、即兴强制式、旁证点缀式等数种随意而简单的做法。从事比较研究的英国学者劳埃德（G.E.R.Lloyd）将其称为"零碎法"，也就是我们所说的那种琐碎的比较研究方法。他根据自己多年研究中国和希腊文明的经验，恳切地告诫说："把中国与希腊哲学中的单个学说或概念逐一进行排列，直接进行比较和对比，就好像它们都在讲述同样的问题似的，这种做法虽然不会引致什么灾难，但显然是行不通的。所以，我们不能先从希腊哲学方面入手，譬如说，先从中挑选出一些特别著名的理论学说或概念，然后再着手从中国思想中寻找其对应的东西，这种做法会给人这样一种印象：好像这类对应的学说与概念在先前早有结论似的。"无疑，这是一种带有简单攀比色彩的"张冠李戴"式做法，是难以得出科学性的结论的。其实，触及一个学说或概念，必然会牵动潜隐其背后的一大片文化，特别是观念层面的文化因素。因此，仅限于狭义的文本语境（点）而不计广义的历史文化背景（面），单就个别学说或概念进行比较的做法，难免会失之偏颇，有画地为牢之嫌。这就需要点面结合，要把单个学说或概念的比较研究放在相关的历史文化背景及具体的文本语境的"大平台"上操作。此外，在系统而深入研究比较的过程中，不忽视"形同"，更重视"质异"，不为表面或语义转换所形成的相似性所迷惑，而要"入乎其内"地寻根探源，"出乎其外"地反思比较。要知道，在跨文化比较研究中，"异"或"差异性"的实际意义，经常大于"同"或"相似性"的实际意义。这是因为"异"的内涵张力，不仅为比较提供了场所，而且为思维拓宽了空间，也为对话、交流和创新构成了有利的契机。由此得出的结果，通常不是从诸多异同中提炼出一个圆融万相的类似"月印万川"式的真理性说法，而是多种可能的、具有不同启发意义的真理性说法。另外，还必须明确比较研究的基本宗旨，即它不在于推导或抽绎出某个独一无二、贯通一切的真理，也不在于建构出某种绝对正确的知识，而在于为人们探寻真理提供一个更为广阔的基础或思维空间，以便充分利用现有的人类精神资源来更好地理解万事万物。

（五）独立的学术意识

没有独立的学术意识，上述学理要求就可能落空。质而言之，这种意识以追求真理为终极目的，要求排除各种非学术因素的干扰，以客观的态度和科学的精神从事学术研究。相应地，"畏圣人之言"与"存而不论"等陈腐思想，理应为不断追问和分析批判所取代。因为，在真理面前，人人平等；对真理的探求，始终伴随着从遮蔽走向澄明的过程。

值得强调的是，独立的学术意识是开放的而非封闭的，是合乎学术规律性而非合实用目的性的，是兼容所用科学学说而非囿于任何教条阈限的，是提倡自由平等的讨论而反对权威迷信或武断独裁的。这些原本并非问题的常识，有时在特定的政治生态中反倒成了问题。对此，聂振斌先生在总结中国近代美学思想发展的经验教训时，将这一问题提到了学理的高度，进行了历史而客观的分析。他在强调实事求是地运用马克思主义科学学说及其科学方法论的同时，深刻地揭露了时而困扰正常学术研究的某些怪现象。譬如，"有人对马克思主义真理不感兴趣，唯一令他感兴趣的是马克思主义的权威。因此，一个严整的科学理论体系，在他那里变成几条极其抽象的教条，或者把个别词句变成随处可贴的标签，用以打人、吓人、捆绑别人的手脚。在学术领域谁想尝试新方法，另辟途径，立刻就会被扣上不坚持马克思主义或反马克思主义的帽子。马克思主义在他们那里已经不是可亲近、可信赖、可发展的真理，而变成一种僵死的、令人可怕的东西。这种所谓的'马克思主义'与具体科学研究已经不是指导被指导的关系，而变成了束缚与反束缚的矛盾。"这一批评委实入木三分，并从反面提醒人们培养独立的学术意识的必要性。

另外，独立的学术意识也需要严格的学术规范作保障。古人云："诚者，天之道也。诚之者，人之道也。"真正的学者应当诚心诚意地格物致知，而不是靠巧滑的心机或剽窃的手段博取虚名。尤其是在跨文化美学的著述中，要言之有据，不可借用语言或语义转换这一过程，有意不注明资料出处而掠人之美、贪天之功。

总之，新世纪呼唤独立的学术意识，实事求是的学理精神和科学的研究方法，同时期望中国的美学工作者率先垂范，在真正创新的道路上迈出坚实的步伐。

第一节 "美"的概念的比较

中国古代"美"字的出现，和先民的主要肉食来源"羊"字有关。许慎《说文解字》云："美，甘也，从羊从大，羊在六畜给主膳也。"这是一种解释，把美理解为羊的"大"，由"羊大"而带来一种愉悦满足的心情。但现代人也有用人类学的巫术论来解释的，如萧兵认为，"美"字像一个头戴羊冠的人，把羊形戴在头上进行巫术祭祀活动，这位巫祝就是部落里的酋长或头人，也就是"大人"，所以"美"字代表对这位酋长大人的敬慕之情。这两种解释分别对应于中国古代对"善"的两层含义的理解，即日常的含义和道德的含义。日常的含义与人们日常的欲望有关，也就是与口腹之欲有关，所以"善"就是"羊入口"。而美相当于这种意义的善，就是"甘"，而"甘"就是美。许慎又说："甘，美也，从口含一。"这与直到今天我们对中国人处于"民以食为天"的"口唇期"的深切感受相吻合。弗洛伊德认为，儿童的发育要经过几个时期，最早是口唇期，其次是肛门期、性器期和生殖期。如果儿童在某个阶段没有得到满足，他的心理就会停滞于这个时期，围绕这个时期关注的焦点来感受世界。民族心理的发育也有类似的情况。中国人最为关注的问题就是吃的问题，其他问题都围绕吃而展开，而赋予意义，所以有"羊大为美""羊入口为善"的"巧合"。至于把美理解为头戴羊冠的"大人"，倒有可能是后来的联想，但也不是没有道理的，因为这种联想与中国人的政治化和道德化倾向相符。口腹之欲与道德政治的这种关联在孟子那里表现得最为直接，他主张："礼义之悦我心，犹刍豢之悦我口。"（《孟子·告子上》）还以对熊掌和鱼的所欲来比喻"舍生取义"，这就上升到了美和善的更高一层含义即道德含义。由此反映在美和善的关系中，以孟子的一段话最为典型。有人问孟子，何谓善，何谓信？他回答："可欲之谓善，有诸己之谓信，充实之谓美，充实而有光辉之谓大，大而化之之谓圣，圣而不可知之之谓神。"（《孟子·尽心下》）美从"羊入口"的可欲之善而来，经过"有诸己"的内化，达到充实和"大"的光辉而通向道德上的"圣"和最高的"神"。这里的"神"不是指上帝，而是指天道的高不可测，是圣人的极致。

可见，中国人的美的概念与善的概念其实是不可分的，许慎《说文解字》说："美与善同意。"正因为如此，美也带上了善的两个层次，即作为满足口、唇、耳、目愉悦的感性评价标准的层次和作为道德评价标准的层次。按照前一个标准，我们说"美色""美人""美味""美玉""美景"等；按照后一个标准，我们说"美德""美俗""美政"等。伍举曾给美下了个定义："夫美也者，上下、内外、大小、远近皆无害焉，故曰美。"他是针对统治者热衷于耗费民财建高台的奢侈之举而说的，在他看来，"若于目观则美，缩于财用则匮，是聚民利以自封而瘠民也，胡美之为？"（《国语·楚语上》）所以真正的美在于一种和谐的社会关系。儒家也持这一观点，如孔子认为"里仁为美"（《论语·里仁》），"里仁"也就是在邻里关系中内外远近皆"无害"、和谐共处的意思。荀子说得更明确，他说："礼者，断长续短，损有余，益不足，达爱敬之文，而滋成行义之美者也。"（《荀子·礼论》）但这种人性之美是必须由人们努力改造人性的恶而小心维持的，所以必须化性起伪，"无伪则性不能自美"（《荀子·礼论》）。美德是人们有意做出来的，甚至是说出来的，如"美刺"的美，就是对当权者的美言，这种美言最终成了对政治权力歌功颂德以维持稳定的手段。"先王恶其乱也，故制《雅》《颂》之声以道之"（《荀子·乐论》），这种政治化的观点在当时就引起了人们的强烈批评，主要是墨家和道家的批评。

墨子对儒家以美来化性起伪、达"圣"通"神"的做法非常反感，在他眼中，美并没有那种超越于感官享受之上的功能，甚至也不是人的基本物质需要所必需的。他说："食必常饱然后求美，衣必常暖然后求丽。居必常安然后求乐。"（《墨子·非乐》）在他看来，美只是在人们的基本生活的需要满足之后的一种奢侈，一种多余的装饰，而在人民的基本温饱都不得保障的现实条件下，追求美只是富人和权贵们的一种无聊的炫耀和刺激。可见墨子是用彻底的实用观点排斥了审美观点，把美追溯到并且固着于它的起点，即"羊大"而不必"为美"。这就否定了儒家在人的动物性需求的基础上所做的提升，把美还原为可欲之善，或者说以取消美的方式割裂了美与善的关系。无怪乎荀子在其《乐论》中通篇都在与墨子争辩，论证礼乐之美在敦风化俗和安国安天下中的不可缺少的作用。相比之下，道家的批评要更加高明一些，他们并不否认美本身的存在价值，他们反对的只是把美用来作为道德政治的工具，认为这种做法恰好使人心虚伪、本性丧失，反而造成了道德的堕落。如老子说："天下皆知美之为美，斯恶已；皆知善之为善，斯不善已。"（《道德经·第二章》）美和善都是在那里的，不用特别去宣扬，最好是保持美善的本色而不自知。庄子也说："天地有大美而不言。"（《庄子·知北游》）一"言"出来就不美了，或者像老子讲的"信言不美，美言不信"（《道德经·第八十一章》）了，所以真正的美是朴素的。"静而圣，动而王，无为也而尊，素朴而天下莫能与之争美。"（《庄子·天道》）由此观之，道家把美的地位提得比儒家更高，但却使这种天地之美与人的言说、人的感官脱钩了。他们不但否定美言，而且贬斥美色、美声、美味，认为这都是对真正的大美的遮蔽："五色令人目盲，五音令人耳聋，五味令人口爽。"（《道德经·第十二章》）总之，美是自然的，不是人为的，甚至不是人性的。把人撇开，美就在那里了，但是在那里也没人欣赏。要欣赏也可以，前提是要把自己融化于自然之中，至虚极，守静笃，"涤除玄鉴"（《道德经·第十章》），以"心斋"的境界倾听"天籁"，以至于"无听之以耳而听之以心，无听之以心而听之以气"（《庄子·人间世》）。从形而上的眼光来看，老庄对"美"的提升比儒家的提升更高，但却脱离了美的根基——人的感性；而儒家较好地平衡了感官享乐和伦理政治之间的关系，既不沉溺于感官享受，也不流于抽象玄思。但一般来说世俗气太重，也不能免于伪饰的指责。

有关美的概念基本上已经定型为两大模式：一个是儒家的模式，强调美对于善即伦理政治的依附以及美的"撄人心"的移风易俗作用；一个是道家的模式，关注于美的超越世俗，包括超越感官享乐和道德政治工具的独立本体地位，它在后世越来越成为形式主义美学的理论根基。应该说，真正推动中国美学向更高层次提升的是道家模式，儒家美学模式则受到社会政治伦理的强大引力而偏离了美学本身的领域。道家美学模式对儒家模式的反抗最典型地体现在魏晋时期嵇康的不朽之作《声无哀乐论》中。嵇康虽然并不否认音乐在政教伦理方面打动人心、移风易俗的作用，但他认为这与音乐之美是两码事，应该由政治家和美学家分别讨论。音乐的美不在于它表达了人的情感，而在于它本身的形式，虽然这种形式激发了人的情感，但毕竟应与人们由此激发的情感区别开来。"五味万殊，而大同于美，曲变虽众，亦大同于和。美有甘，和有乐。然随曲之情，尽于和域，应美之口，绝于甘境。安得哀乐于其间哉？"所以"音声有自然之和，而无系于人情。克谐之音，成于金石，至和之声，得于管弦也"（《声无哀乐论》）。五色五声之美丑都要归于不以人的情感为转移的"物之自然"。当然，嵇康的意思并不是要把音乐的研究变成一门自然科学，他只是要撇开政治伦理的考虑来为音乐的美找到一种抽象的形式。这种倾向在谢赫《古画品录·序》所谓的"六法"和沈约提出的诗歌的"四声八病说"中得到了发挥。美不但体现在艺术中，而且体现在人物品藻和自然风景上；不但体现在人物风景的外貌上，而且体现在由这外貌传达出来的那种超凡脱俗、玄远高妙的风度和气象上。这就有了玄言诗和山水诗的兴起。当这种超然世外的兴趣与西来佛法一拍即合时，中国人关于美的体悟就变得更加精致玄妙了。于是，在禅境中，连美的形式和法则都成了美的束缚，超然境界其实就在世俗生活之中，人们不再谈"美"，他们谈的是"意""象""味"，并且谈"言外之意""象外之境""味外之旨"（司空图）。在这种意义上的"意"和"境"，或者"意境"，便成了中国人心目中"美"的代名词。一直到王国维的"境界说"，意境和境界成了中国文人、诗人、艺术家们的理想目标和审美评价标准。有修养的鉴赏家不再说"美不美"，而说"有无意境"，或"意境高不高""达到了何种境界"。

　　再看西方人对"美"的概念的理解。在希腊文中，"美"写作καλλος，这个词的意思不是"可欲"或可"入口"，而是可观（好看），即主要指人体的美、面貌的美，相当于我们通常讲的"漂亮"；它本身就可以表示"美人"或"美女"的意思。相应地，英语中的 beauty、法语中的 beauté（它们都来自于拉丁语 bellus、bellitudo，优美、高雅）也都是指人体的美或美女。当然由此扩展开来，也可以不限于人体，而把一切客观事物都用"美"来加以评价了，如美音、美树、美言、美服、美城等。古希腊第一个美学家毕达哥拉斯想要探讨美这样一种"观看"对象到底有什么样的秘密，他找到了"数的和谐"这一原则，认为由此就可以把握美的本质。这种"观看"的思路与中国人从"吃"和"尝"的体验中发展出对美的理解是完全不同的。但正如中国人的泛口腔化一样，希腊人有一种泛性化的倾向。中国人当然也有泛性倾向，如古书中到处讲"生生"，到处都是天地、阴阳、乾坤、父母，但那都是对自然界的描述，却不讲性爱。在中国，真正的性爱历来是不能谈的，呈现出一种青春期缺位的"早熟"的特色。希腊人在马克思那里被称之为"正常的儿童"，那么按照弗洛伊德的说法，他们应该是顺利地走过了口唇期、肛门期、性器期和生殖期的各个阶段，最后是立足于性爱和生殖来看待人的生活，包括最高层次的精神生活。这一点在苏格拉底那里可以得到生动的证明，他实际上是揭示了毕达哥拉斯的"观看"背后起作用的根源。苏格拉底认为，人的生殖是建立在两性之爱上的，而两性之爱则基于异性外貌上的互相吸引，也就是外貌形体上的美。但是这种爱和生殖最终是为了什么呢？是为了肉体的不朽，即人通过爱情和生殖把自己的血脉传给了后代，这样世代传下去，人就达到了不朽。但是苏格拉底认为，这种不朽还是低层次的，高层次的不朽应该是精神上的不朽。人具有一种精神上的生殖力，不单是爱一个美的人，而且能够"爱智慧"，追求美德和美的思想。由此进行一种思想上、精神上的生殖或创造，而这样达到的不朽更加可靠，是永恒的。所以苏格拉底把他自己与他人进行哲学问题讨论称为"精神的接生术"，把哲学家称为"爱智慧者，爱美者，诗神和爱神的顶礼者"。哲学也好，美学也好，在他这里都带上了性爱的意义，都是"爱智慧"。但这种爱是提高了的，升华了的，它撇开了那些具体的美的对象，而一直提升到对"美本身"的爱，这就是柏拉图所说的"美的理念"、美的纯粹概念。"美的理念"这个说法也充分表现了古希腊把美当作一种"观看"、认识的对象，而不是一种"品尝"的对象，因为所谓"理念"这个词在希腊文里就是"看"的意思，引申为"看到的东西"，因而可以翻译为"相"。所以古希腊的美和真是同一的，是一种认识。这一理解一开始就与中国古代与食欲相联系的美善同一的理解大为不同，走上了一条主客观相对立的道路。

苏格拉底和柏拉图所制定的这种以观看和爱的对象来理解美的模式在西方影响极为深远。不过在中世纪，由于基督教禁欲主义将爱异化为唯一的"爱上帝"，美的地位遭到很大的削弱。形体的美被视为魔鬼的诱惑，对物质美的迷恋被视为沉沦。在奥古斯丁那里，美只有在"象征"的意义上保持着一种间接的价值，他的《忏悔录》中所忏悔的一个重要内容是他早年对形体美的迷恋。但尽管如此，柏拉图的爱和观看在奥古斯丁的美的概念中仍然保留着，他认为，只有信仰上帝、热爱上帝，我们才能看出上帝所发出的光辉是最为"悦目"的，"任何物质对象的美都在于具有某种柔和色彩的各部分的和谐，当正义像太阳一样在天堂的天国里照耀的时候，色彩的柔和程度会多么大呀！"当然，这种观看已经不是肉眼之看，而是心眼之看了，实际上是背向自然而闭目内视、面向上帝的观看。托马斯恢复了被奥古斯丁所抛弃的感性事物的美，认为"凡是一眼见到就使人愉快的东西才可称作美的"，而且"感官之所以喜爱比例适当的事物，是由于这种事物在比例适当这一点上类似感官本身"。上帝之美与人间之美不是完全隔绝的，而是逐级上升且可以相沟通的。托马斯的观看不是立足于"心眼"，而是立足于肉眼，立足于人的感性认识。这是富有特色的，并为后来的经验论美学开辟了道路。但托马斯本人还是要借助于理性认识来从形式上理解最高的美，也就是上帝是美在形式。这种形式超越于所有感性事物之上，也超越于善之上，因为善本身是涉及质料的。在他看来，美高于善，但低于真，真是"纯形式"，而最高的是"圣"即对上帝的信仰。

近代认识论美学继承了西方美学的"观看"传统，但分化为感官的看和理性的看，这就是英国经验派美学和大陆理性派美学。英国经验派美学最著名的命题就是在人的五官之外设想了一个"第六感官"，这是哈奇生提出来解释我们对于美的感性认识的。当然，第六感官的对象不仅有美，还有善和道德，所以又被称为审美感官或道德感官。但他对美的规定已不是客观事物的属性了，而是我们的感性表象，它借用了洛克提出的"第二性的质"的学说，即我们所感到的红、甜、美等性质并非客观事物本身的如同客观的数量、运动、体积等那样的属性，而是主观中的"反省的经验"，它表达的是人心中的某种情绪和情感。后来的博克和休谟都是沿着这一思路加以发挥的,如博克主张美是一种社会性的情感的性质,它立足于人的同情心;崇高则是立足于竞争心。崇高的提出极大地丰富了西方美的概念,它有点类似于中国美学中的"大""伟"或"壮美"的概念,但不同的是它包含有否定日常事物而令人痛苦的因素,包含某种断裂性和超越性,是一种在斗争中战胜了的痛快感。中国的"大""伟"是连续性的,不突出内在的冲突。经验派美学有种美善同一的倾向,但两者都服从于认识论,都是感性认识,所以是附属于"真"的两个环节。大陆理性派美学最主要的观点是沃尔夫提出的"美在完善",即美是感性所认识到的完善。而在鲍姆加通那里,这一命题变成了"美是感性认识本身的完善",他由此而首次给美学命名为"感性学",即关于感性认识的科学,与逻辑学(理性认识的科学)和伦理学(实践科学)区别开来。由于这一命名,鲍姆加通被誉为"美学之父"。

理性派和经验派美学的共同之处在于:一是都把美学置于感性的基础上来,只不过理性派还要在感性认识中加进一个理性的"完善"概念;二是双方都走向了对美的主观主义理解,美的本质问题最终成为一个心理学和人类学的问题。这就进入了康德的视野,康德正是把美的契机放在"反思性的判断力"这个主观层次上来加以规定的。这种反思在人的审美愉快中寻找到了美的四个方面的特点,即无利害的愉快、无概念的普遍性、主观形式的合目的性、人类先天必然的共通感。它们都由诸认识能力的自由协调活动而引起,想象力和知性的自由协调活动产生美,想象力和知性不能协调而提升到与理性协调,这就是崇高。无论美还是崇高,都是通往道德的桥梁,"美是德行和善的象征"。黑格尔的美学把康德这种主观反思的美完全变成了客观的对象,他对美的定义是:"美是理念的感性显现",是绝对理念在自己的发展过程的某个阶段上采取的形式。而这一发展过程既是客观的绝对精神本身的进展,又是对这个绝对精神的认识的一个层次。

在现代西方美学研究中,许多人已经不谈美的本质的问题了,他们关注的是一些具体的技术性问题和实证性问题。目前还在谈美的本质的流派有两大分野,一个是形式主义流派,一个是表现主义流派。形式主义美学总是想像毕达哥拉斯那样用一种科学测试的方法把美的现象加以规范,如实验心理学、格式塔心理学用诸多美的要素构成各种函数公式,还有克莱夫·贝尔提出的"美是有意味的形式",布洛的"心理距离说",桑塔耶纳的"美是客观化了的快感"等,以解释美的本质。苏联和东欧的一些美学家提出的"形象思维论"和"典型论",以及把美归结为一种价值的"价值论"美学,都可以归入这个系列。结构主义和与此相关的语言学和符号学美学基本上也是形式主义的。这一系列之所以都跳不出形式主义的框架,是因为他们都把美看作是一种认识对象。将美的问题归入传统的符合论真理观中来讨论,于是美的本质问题就成了特种的真理问题。审美就是对某种美的对象的认识,它与一般科学认识的不同在于其把握真理的特殊方式和途径,以及所把握的真理的特殊性质。表现主义流派打破了这种认识论的传统思路,美不再是一个置于对方等待主体来"审"、来认识的对象,而是一个主体表现的过程。如叔本华把美规定为"意志的客观化的表现",克罗齐认为美就是"成功的表现",而海德格尔的定义是"美乃是作为无蔽的真理的一种现身方式"。既然美不是一个固定的对象,而是一种表现过程或表现方式,对美下一个确定的定义就不那么重要了,重要的是审美活动本身,因而移情派美学、精神分析美学、现象学美学和解释学美学都在以各种不同的方式研究审美活动的意义基础和在此基础上的运作方式,这个基础已经不是传统的认识论基础,而是情感的、心灵结构的、意向性的和"前理解"的基础。美的本质只有在这些基础得到澄清的前提下才能得出确切的定义。

第二节 艺术的概念的比较

中西艺术概念从词源上看,典型地反映了两种文化的不同渊源。古希腊"艺术"一词是 techne,指一种技术、技巧、手艺,带有行业的专门性质,表现了希腊艺术在当时发达的手工业中的起源。艺术一词在西方一直都有艺术和技术双重含义,直到康德的时代,还必须特别说明是"美的艺术",才不会被误解为谈一般的技术和技巧,甚至在今天也面临这种误解的可能,至少它是一个多义的含混的概念。而中国古代的"艺"字,最早是"种植"的意思,是一个典型来自于农耕的词,当然后来也转化成了技艺、匠艺、百艺等比较泛的含义,但一直没有专门作为"美的艺术"而从百艺中独立出来。中国古代与西方的"美的艺术"大致相当的词,应该说是"文"。

与"文"相比,"艺"要低级得多。当我们评价一幅画"匠气太重"时,那就是带贬义的了;但如果说"有文人气",则带褒义,"文人"和"艺人""匠人"不在一个档次。宋元以来的"文人画"使绘画第一次从一种技艺提升为一种精神寄托,在此之前,画家一般称为"画工""画匠"。直到现代引进了"艺术家"这一概念,人们才给专门从事各种艺术的人提供了一个正当的名义,不再只是"师傅"(画师、乐师)和更加下等的"戏子""倡优"了。但"文"与西方的"美的艺术"也只是在品级上相当,虽然都是一种精神创造活动,在内容上却并不完全吻合,最主要的区别在于"文"作为一种文饰、装饰,虽然有美化之意,但还有很多别的意思。

中国的"文"字本来的意思是"文身",在甲骨文和金文中都是在"文"字中加一点。"文身"是在身上刺上或画上花纹,作为一种装饰和炫耀,所以它的原始含义就是装饰,但也作为一种符号和印记,所以又有符号的意思,通用的符号即"文字"。许慎《说文解字序》云:"仓颉之初作书,盖依类像形,故谓之文;其后形声相益,即谓之字。字者,言孳乳而寖多也。"有了文字符号,人类开始心明眼亮,于是有"文明",有了装饰,社会开始跟风从众,于是有"文化",而"人文"也由此具有了典章制度的含义。《周易·贲》曰:"刚柔交错,天文也;文明以止,人文也。观乎天文,以察时变;观乎人文,以化成天下。"陈鼓应、赵建伟在《周易今注今译》中的解释是:"阴阳刚柔相互错杂,构成自然物象景观;文明约束人类行止,构成社会典章制度。观察自然物象,可以察知时序变化;观察社会典章制度,可以化育成就天下之人。"所以杨惊注《荀子·礼论篇》,单一"文"字便有五种注法,一曰"文谓修饰";二曰"文谓礼物、威仪也";三曰"文,器用仪制也";四曰"文谓法度";五曰"文谓祭祀节文"。其实这并不奇怪,"文"自修饰、装饰始,表达一定的情感,而这表达一旦固定下来,便成为典章法度、礼节和神圣仪式。所以如果说"文"在原始的装饰这层含义上与美的艺术相通的话,那么在典章制度和礼节仪式这层含义上就大大超出了专门表现美的艺术了。

这一点在中国古代最具经典性的艺术理论典籍《礼记·乐记》中表达得最明显。文章本来是谈音乐的,但立刻就转到政治上去了,"凡音者,生人心者也。情动于中故形于声,声成文谓之音。是故治世之音安以乐,其政和;乱世之音怨以怒,其政乖;亡国之音哀以思,其民困。声音之道,与政通矣。""乐者，通伦理者也。"音乐是中国艺术精神的核心，单单一个"乐"字即可代表一切艺术，至少它本身就包含音乐、舞蹈和诗歌三门重要的艺术门类，后来还包含戏曲。所以，"乐"字在某种程度上也可以代表西方"美的艺术"的含义，只是范围还没有"文"字那么广。"文"除了因"声成文谓之音"而成为音乐的艺术标准外，还包括美术、书法，更重要的是包括"文章"。如果说音乐是感动一般老百姓而达成并反映举国一致的情感的话，那么文章则是一种从上而下的统治手段。"盖文章，经国之大业，不朽之盛事。"（曹丕：《典论·论文》）中国一千多年的科举制度就是靠文章来取仕，因而文章绝不仅是为了美，它承载着沉重的治国平天下的重担。由此也就使"文"的含义具有了一种内在的分裂，即形式的含义和政教的含义。合乎政教的艺术就是值得推崇的，而违反或偏离政教的艺术不论其形式如何优美，实质上是"淫声"，甚至"亡国之音"，必须坚决禁止。

"文"从它本来的"修饰""装饰"的含义来说，是高度形式化的，指一种"文采"。所谓"言之无文，行而不远"（《左传·襄公二十五年》），"文采节奏，声之饰也"（《礼记·乐记》）。"文"又是一种政治教化的手段，担负着国家兴亡和敦风化俗的重任。所以刘勰《文心雕龙·征圣篇》中将"夫子文章"抬到了"政化贵文""事迹贵文""修身贵文"的高度，而宋儒更以"文以载道"使之提升到形而上学的层面。但这两方面如何能够调和起来，历来是一个令人困扰的问题。单凭一种美的形式就能够振兴或者颠覆一个国家？这无论如何有些说不通。当年墨子"非乐"并不是没有一点道理，即国家的强盛和稳定主要取决于百姓是否获得实惠，而不在于那些表面的形式主义的繁文缛节，由此衍生出"文"和"质"的关系问题。孔子说："质胜文则野，文胜质则史，文质彬彬，然后君子。"（《论语·雍也》）还说："礼云礼云，玉帛云乎哉？乐云乐云，钟鼓云乎哉？"（《论语·阳货》）他强调的是礼乐之文和仁德之质必须相配合。既然如此，也正说明了两者有可能不相配合。文以载道，是文一定能够载道呢，还是文必须载道？如果是后者（一般来说是后者），那"文"本身就不一定承载着"道"，而是有自己独特的标准了。但这个标准就会是形式主义的标准，并且必然沦为技术性的标准，失去它的精神层面了，这是中国文人所不屑的。所以中国的"文"（以及与之相连的"乐"）与西方"艺术"的一个很明显的区别在于西方的艺术要达到精神的层次就必须上升到"美的艺术"。而中国的"文"如果仅着眼于装饰性的美就会失去精神的层次，而沦为匠人，它必须上升到伦理性的善才是实现了自己的精神实质。

　　幸好有道家艺术精神，才使得中国艺术不至于完全窒息在政治伦理教化的狭隘框架之中，而能够展示其恣肆汪洋的宏大气魄。道家由于主张自然即非人为、无为，所以从理论上来说是反艺术的，一切人造的、做作的事情在他们看来都是偏离自然天性的，礼乐和文饰当然是他们攻击的主要目标。但怪异的是，他们这种态度恰好构成了中国传统艺术理论中的核心观念，即成为艺术本身的内在评价标准。就是说，最自然、最不人为做作的艺术，或者说"最不艺术"的艺术，才是中国艺术的最高境界。这就是"虚静恬淡，寂寞无为""无为而无不为""无法而无不法"的境界，是挥洒自如、不知所求、不知所往的"游"的境界，你说它是生活，它又是最精致的艺术；你说它是艺术，它又是最自然的生活。正如庄子在《庖丁解牛》中所说的，那庖丁"以神遇而不以目视，官知止而神欲行"，于是"手之所触，肩之所倚，足之所履。膝之所踦，砉然响然，奏刀騞然，莫不中音，合于《桑林》之舞，乃中《经首》之会"（《庄子·养生主》）。禅宗的加入更加强化了这种生活的艺术化和艺术的生活化的趋向。苏东坡为文，最讲究一个"淡"字，"大凡为文当使气象峥嵘，五色绚烂，渐老渐熟，乃造平淡。""所贵乎枯澹者，谓其外枯而中膏，似澹而实美，渊明、子厚之流是也。"所谓"淡"者，就是平常心，自然而然，不勉强造作。"所示书教及诗赋杂文，观之熟矣。大略如行云流水。初无定质，但常行于所当行，常止于不可不止，文理自然，姿态横生。"有了这种精神，最日常的俗事也可以入诗，并因此而变俗为雅。如辛弃疾的《清平乐》："茅檐低小，溪上青青草。醉里吴音相媚好，白发谁家翁媪？大儿锄豆溪东，中儿正织鸡笼，最喜小儿无赖，溪头卧剥莲蓬。"完全是民间大白话，但却呈现一片优美的田园生活意境。

　　相比之下，西方的艺术比较讲究表现技术和复杂的规范性。由于对美的客观性理解，希腊人一开始就把艺术当作是对自然的模仿，其标准不是自然本身的"姿态横生"，而是对姿态横生的大自然模仿得惟妙惟肖，那当然是需要有高度技巧的。正如在中国古代一样，在古希腊，最初引起人对艺术关注的艺术门类同样是音乐。但最早考察音乐的希腊哲学家并没有把音乐立刻联系到政治道德上去，而是把它当作一种对自然的模仿来研究。

如毕达哥拉斯就以自然界的数学关系的模仿来解释音乐的和谐，德谟克利特用对鸟鸣声的模仿来解释音乐的产生。到了苏格拉底和柏拉图，音乐和其他艺术门类一样，不仅可以模仿自然物，而且可以模仿人的精神特质。如"高尚和慷慨，下贱和卑吝，谦虚和聪慧，骄傲和愚蠢"。正是由于这种模仿，所以艺术具有感化人心、激发情感的作用。但与中国艺术精神类似的是，柏拉图也因为艺术的这种感人作用而对它在政治上的影响抱有一种高度的警惕。他对于正统的颂神诗和代神说话的诗推崇备至，但超出这种神圣庄严的诗和音乐之外的那些淫词艳曲便遭到他严厉的指责。他说这些诗人和歌手"像酒神信徒们一样如醉如痴，听从毫无节制的狂欢支配，他们还狂妄无知地说，音乐里没有真理，是好是坏，都只能听凭听者的快感来判定。他们创造出一些淫靡的作品，又加上一些淫靡的歌词，这样就在群众中养成一种无法无天、胆大妄为的习气"，这就扰乱了整个社会的秩序。在将来的"理想国"中，应该把这样的诗人赶出去。此外，在柏拉图看来，即使没有这种败坏风气的影响，艺术单凭它是对对象的一种模仿就已经显得无用了，所以艺术只是对模仿的模仿，是"影子的影子"，与真实的东西隔了两层。

　　亚里士多德正是抓住了这一点，而为整个模仿的艺术恢复了名誉。在他看来，艺术就是技术，但艺术并不因此就是低层次的，恰好相反，因为整个自然界都是由神的技术所造就的，所以艺术家所做的事就是对神所做的事的模仿。正如神赋予质料以形式而创造了自然界一样，艺术家也赋予质料以形式而创造了人工制品。所以自然万物都是神的艺术品，人本身也是神最得意的作品，而人的艺术就是对神的艺术的模仿，神的作品怎么样，人的作品就有什么样的法则。由于神的一切作品都是合目的性的，没有一点多余的、外加的东西，所以艺术的法则就体现为艺术品的合目的性，即"有机的整一性"。他将这一原则运用于戏剧中，提出了时间和情节的整一性，后世的古典主义戏剧理论加上一个地点的整一性，称之为戏剧的"三一律"，作为西方戏剧的金科玉律。中国古代的诗性精神也正如自然本身一样没有任何人为的外加因素，强调自然天成，但并不强调一个具体对象的"有机整一性"，是如苏东坡所谓"大略如行云流水，初无定质，常行于所当行，常止于不可不止。文理自然，姿态横生"。所以同是强调艺术的自然，亚里士多德只是模仿自然，自然在艺术家面前只是"观看"的对象；苏东坡的艺术自然则是自然本身的"文理"和"姿态",诗人本身已化身为"行云流水"了。

亚里士多德的模仿也不单纯是机械地模仿现存的对象,如果是那样,艺术就完全等于一种工匠的技艺,其地位也提升不起来。但亚里士多德通过把艺术的模仿提高到哲学认识论的高度,而给艺术的必要性和高贵性提供了最有说服力的依据。他认为,艺术的模仿不是简单的依样画葫芦,而应该是模仿事物的本质,这样才能通过模仿反映出神的目的。模仿不是依照事物现有的样子,而是依照事物"应有的样子",揭示出事物潜伏着的内在本质和目的。所以"写诗这种活动比写历史更富于哲学意味,更被严肃对待,因为诗所描述的事带有普遍性,历史则叙述个别的事"。这里的"历史"相当于经验。亚里士多德说:"知识和理解属于艺术较多,属于经验较少。我们以为艺术家比有经验的人较明智,有经验的人对于事物只知其然,而艺术家对于事物则知其所以然。"可见,亚里士多德是把艺术当作一种求真理的方式,一种科学的认识方式了。这虽然提高了艺术的地位,但也极大地限制了艺术本身的创造性天地。相对而言,柏拉图说诗人是由诗神凭附而"代神说话"的观点倒为艺术创造的灵感、激情和想象力留下了更多空间。所以后世西方艺术理论除了基本上被纳入到亚里士多德模仿论的这一强大传统模式以外,多少都结合了柏拉图的"迷狂说"的灵感论因素,来解释艺术创作的那种超逻辑、超认识的性质,如朗吉弩斯的《论崇高》和普罗提诺的"出神状态"就是对亚里士多德模仿论的一种反叛和补充。

真正将艺术中的非模仿因素发扬起来,还是近代浪漫主义文艺思潮兴起的结果。这种浪漫主义在18世纪的卢梭、狄德罗、鲍姆加通、莱辛等人的思想中已经被包含了,他们强调天才和灵感,推举崇高的风格,把"个性"、"特征"或"性格"看成与"美"至少有同等价值的审美范畴。到19世纪的德国浪漫派如利斯、施莱格尔兄弟、歌德、席勒和哲学家谢林,更是把艺术直觉、灵感和想象力看作美学甚至哲学的最高原则。康德首先提出了自然主义的艺术原则:"自然是美的,如果它看上去同时像是艺术;而艺术只有当我们意识到它是艺术而在我们看来它却又像是自然时,才能被称为美的。"这种提法与庄子的"无为的艺术"十分接近。这里的"像是自然"并不是指对自然的模仿,而是指艺术不要显得像是有意的、做作的,而是自然而然的,这也是浪漫主义文艺所推崇的。黑格尔的艺术哲学虽然是对亚里士多德模仿论在更高层次上的回复，但也大量吸收了浪漫主义的艺术原则，并且通过一种辩证法把古典的美和近代的个性（"人物性格"）统一起来，给西方传统的艺术理论注入了新鲜血液。当然，在他看来，古典型艺术仍然占据着艺术的最高等级，浪漫型艺术虽然在近代展示了其广阔的发展空间和巨大的魅力，但在他那里最终的评价是不容乐观的，他将之从总体上称为"艺术的衰亡"。

西方现代艺术和文艺理论可以说是对古典主义的艺术模仿说的全面解构。在这个意义上说，黑格尔的预言并没有错，古典主义意义上的艺术的确走向了"衰亡"。现代艺术不再做那种模仿自然的工作，甚至不再单纯模仿人的心灵，而是致力于开拓人的心灵的各种可能性。现代艺术理论一方面对艺术活动，包括模仿活动本身做更加细致的技术分析，如实验心理学对审美和艺术的统计学的测试工作，精神分析学派用临床心理学（弗洛伊德）、移情学派用"内模仿"理论（谷鲁斯、浮龙·李）和内省心理学（李普斯、伏尔盖特）来解释艺术创作过程；另一方面对艺术与自然的关系、艺术与生命的关系、作者和读者的关系以及作品的意义层次进行哲学上的概括（如艺术社会学、意志主义美学、直觉主义美学、现象学美学和接受美学等）。总的看来，现代艺术理论可以说向两极发展，一极是日益走向实证的科学，力图对以往所忽视的每个细节都作出科学的解释；另一极是越来越和哲学合流，很多时候甚至分不清它究竟是在讲哲学还是讲艺术，或者是所谓的"诗化哲学"。

第三节　"美感"的概念的比较

对美感的考察应该说是中国古典美学的强项。中国古人最早就是从自己的切身感受来规定美的，如对"羊大"的感受形成了"美"字。音乐的"乐"和快乐的"乐"相通也说明中国人不可能脱离审美的感性愉快来考察艺术和美。人们常以《乐论》《乐记》来谈艺术，以便将艺术和美感一起讨论。即使是嵇康的《声无哀乐论》，也并没有真正把音乐和情感割裂开来，只是把音乐欣赏中的两个不同环节做了区分。他利用孔子所说的"乐云乐云，钟鼓云乎哉"来作为自己的根据，也说明早在孔子那里就已经意识到乐器（乐音）和乐感之间不可等同的道理了。嵇康只不过强调美感的相对性和预设性，即什么样的心情的人才会被音乐激发起什么样的感情，但他并不是说音乐不会激发人的感情，或者人的乐感可以没有音乐而被激发。但与孔子把钟鼓的作用沉入到人们的仁德中去不同，嵇康是把钟鼓的作用提升到自然界的音声之和、天地相感的高度，与人事无关。因为道家排斥人的感官感觉，而主张"听之以气"，其实是一种高级的审美情感，它超越日常的哀乐之情，在"无情"中融身于自然，获得某种"天乐""至乐"。庄子云："与人和者，谓之人乐，与天和者，谓之天乐。天乐者，圣人之心，畜天下也。"（《庄子·天道》）"今俗之所为与其所乐，吾又未知乐之果乐邪，果不乐邪？吾观夫俗之所乐，举群趣者，羟趣然如将不得已，而皆曰乐者，吾未之乐也，亦未之不乐也。至乐无乐，至誉无誉。"（《庄子·至乐》）这就在"乐"中区分出了两个层次，即人乐与天乐，俗人之乐与圣人之至乐。儒家对乐的区分也有两个层次，但只是独乐与众乐之分。孟子提出："独乐乐，与人乐乐，孰乐？""与少乐乐，与众乐乐，孰乐？"他的回答都是后者。所以"乐民之乐者，民亦乐其乐；忧民之忧者，民亦忧其忧。乐以天下，忧以天下，然而不王者，未之有也"（《孟子·梁惠王下》）。这是俗世的区分，即在审美感受中排斥个体意识，推崇群体意识，将"乐以天下"当作王天下的手段，也就是当作意识形态来运用。对于这种利用人的审美功能达到集权统治的做法，道家不以为然。表示自己在"众乐乐"面前无动于衷，而追求更高的圣人"独乐""天乐"的理想，即"独与天地精神往来"的目标。至于墨家提出"非乐"，则是将一切钟鼓之声、管箫之音视为奢侈浪费，主张为老百姓多办实事。然而，谈到具体的审美之乐，墨家已自外于话题，道家也远离尘世，其实只剩下儒家一家之言，这就是将审美感受纳入到"乐通伦理"的框架中来。于是这种将美感伦理化、政治化的观点成为先秦美感论的主流。迄今为止，中国人一谈到美感，首先是从道德政治效果的维度来进行评价，这不能不说与中国审美意识在起点上的这种前见有关。

但主流以外仍有支流，而且自两汉以降，由道家支流衍生出来的各种美感论反倒成了中国审美意识的开拓性和创新精神的主要场所，如在《淮南子·原道训》中，作者将庄子的圣人独乐阐发为"自得之乐"。"圣人不以身役物，不以欲滑和。是故其为欢不忻忻，其为悲不慇慇。万方百变，消摇无所定，吾独慷慨遗物，而与道同出，是故有以自得之也。能至于无乐者，则无不乐。无不乐则至极乐矣。"他指出，通常所谓的乐，无非乐于声色犬马、灯红酒绿，这叫作"以外乐内，乐作而喜，曲终而悲"，而真正的自得之乐是"以内乐外"，所以"吾所谓乐者，人得其得者也"。自此，对美感的探讨开始转向内心。自嵇康"声无哀乐论"出，乐的问题尤其是独乐和众乐的问题逐渐淡出了论者的视野，即使刘勰《文心雕龙》凡五万言，亦仅于数处言及"乐"："乐本心术，故响浃肌髓，先王慎焉，务塞淫滥""故知诗为乐心，声为乐体；故知季札观乐，不直听声而已""岂惟观乐，于焉识礼""于乐之和，心声克协"，此均为陈说，无一创新。但谁也不能说刘勰没有论及美感，在《文心雕龙》凡五十篇中，每一篇后面的"赞曰"都是一首小诗，大都是对审美愉悦的各种感受的描述，如"纷哉万像，劳矣千想，玄神宜宝，素气资养。水停以鉴，火静而朗，无扰文虑，郁此精爽""山沓水匝，树杂云合。目既往还，心亦吐纳。春日迟迟。秋风飒飒，情往似赠，兴来如答"等，皆为各篇之精华神髓。当然，他没有分析美感的生成机制，如模仿论、灵感论、表现论、移情论等，但在中国文人心目中，那些外在的规则都不重要，重要的是直接感悟。因此，中国传统文论谈美感，通常不借助于心理学、社会学、宗教学和认识论上的分析，而是采取"以诗解诗"的办法，用自己的体悟唤起读者的体悟。

这种做法在司空图那里达到了极致。魏晋时期佛教的传入在刘勰身上留下了痕迹，而司空图更是号称"居士"，长隐不出。所作《诗品二十四则》，聚集了二十四种不同的美感体验，如雄浑、冲淡、纤秾、典雅、洗练、劲健、豪放、清奇、飘逸、旷达等，每一种都配以一首小诗。所有这些关键词在后世都成了文人论诗品诗的必备辞格。司空图并不满足于这种诗喻式的描述，但他深知用语言表达感悟之难，因而逼出了一种暗示性的表达，即所谓"韵外之致""味外之旨"。他说："文之难，而诗之尤难。古今之喻多矣，而愚以为辨于味，而后可以言诗也。"辨于味，并非止于酸咸，而须知味在"酸咸之外"。当然，酸咸之外已不可言，即"象外之象，景外之景，岂容易可谈哉？"但仍然要谈，只是为了"目击可图，体势自别"，也就是作出一种暗示性的提示，让人去感悟、去体味。

宋代以后，道、禅的审美感悟得到了极大的发展和弘扬，黄休复将诗品移于画品，提出划分逸格、神格、妙格和能格，由上至下不等。宋元人好谈"妙",如黄庭坚云:"子美诗妙处,乃在无意于文""欲碍妙于笔,当得妙于心";姜夔云:"诗有四种高妙:一曰理高妙,二曰意高妙,三曰想高妙,四曰自然高妙",最高的是自然高妙,即"非奇非怪,剥落文采,知其妙而不知其所以妙";元好问云:"窃尝谓子美之妙,释氏所谓学至于无学者耳"。严羽在其《沧浪诗话》中开始系统地引禅入诗,提出了影响后世甚巨的"妙悟"概念。他说:"禅家者流,乘有大小,宗有南北,道有邪正;学者须从最上乘,具正法眼,悟第一义。"所谓第一义,即"一味妙悟而已","大抵禅道惟在妙悟,诗道亦在妙悟。惟悟乃为当行,乃为本色。然悟有深浅,有分限,有透彻之悟,有但得一知半解之悟"。竹何谓透彻之悟?严羽提出"惟在兴趣":"夫诗有别材,非关书也;诗有别趣,非关理也。然非多读书,多穷理,则不能极其至。所谓不涉理路,不落言荃,上也。诗者,吟咏情性也。盛唐诸人惟在兴趣,羚羊挂角,无迹可求。故其妙处透彻玲珑,不可凑泊,如空中之音,相中之色,水中之月,镜中之像,言有尽而意无穷。""惟在妙悟"和"惟在兴趣",妙悟和兴趣,本为一事,前者从欣赏心理上说,后者从创作心理上说,而欣赏也是创作并包含创作。兴趣为妙悟之体现,诗趣为禅悟之体现,诗中妙悟是直接与禅道相通的,而兴趣则是这种相通的最高表现。因此,可以说妙悟和兴趣的关系是诗道中的禅与诗的关系。

明清以降,论诗画者几乎无人不谈妙、谈悟、谈兴、谈趣。胡应麟说:"汉唐以后谈诗者,吾于宋严羽卿得一悟字,于明李献吉得一法字,皆千古词场大关键。第二者不可偏废,法而不悟,如小僧缚律;悟不由法,外道野狐耳。""严氏以禅喻诗,旨哉。禅则一悟之后,万法皆空,棒喝怒呵,无非至理。诗则一悟之后,万象冥会,呻吟咳唾,动触天真。然禅必深造而后能悟,诗虽悟后,仍须深造。"这也是严羽本人的原则,即悟必须要有深厚的功底积累,方能得悟。但袁宏道反对累于理、累于学,而唯一诉诸人的才情和灵性。他说:"世人所难得者唯趣。趣如山上之色,水中之味,花中之光,女中之态,虽善说者不能下一语,唯会心者知之。夫趣得之自然者深,得之学问者浅。当其为童子也不知有趣,然无往而非趣也。人生之至乐,真无逾于此时者。孟子所谓不失赤子,老子所谓能婴儿,盖指此也。趣之正等正觉最上乘也。""趣"字,概括了儒、道、佛之至乐,由此又生出"性灵"二字,认为好诗"大都独抒性灵,不拘格套,非从自己胸臆流出，不肯下笔。"性灵，亦称灵性、灵气、空灵，要在求奇、求变、求新、不落俗套、不拘泥于物，这既是创作心理，亦是欣赏心理。

中国传统的美感意识，从先秦世俗的"乐"开始，到超然世外之"至乐"，到个人内心"自得之乐"，到对个人美感加以分类、品评，到在各种品味中分出等级，追求味外之旨，如禅入诗，推崇妙悟，最后回到赤子情趣，灌注性灵于日常生活之中。在一个更高的层次上返回起点，熔儒道禅为一炉。可以看出，中国美感意识画出了一个"内在超越"的大圆圈，它的极限是道家超越世俗的无乐之乐，它的终点却是禅家的变俗为雅、不知有趣而无往非趣。有了这一美感的历程，中国古代后期的审美意识日渐成熟，历代积累下来的美感要素均被吸纳无碍。如王夫之对古人虽多有批评，但意在圆融，削去睁蝾，而非抛弃。但他强调美感的直接性，这一被儒家视为审美起点的观点通过禅佛之道而获得了新生。他极力主张诗家"身之所历，目之所见，是铁门槛"（《姜斋诗话》卷二），强调感性直观，这似乎将道家超然世外、不涉视听的"无乐之乐"拒之门外了，但他引入了佛教因明学中的"现量"来证明自己的观点。他认为美感是一种"现量"，即在审美观照中当前直接显现和感受到的直观体验，它既不是"非量"（想象），也不是"比量"（推理），而是"皆心中目中与相融浃。一出语时，即得珠圆玉润，要亦各视其所怀而来与景相迎者也"（《姜斋诗话》卷二）。在这种现量中，人与自然合一，情与景交融，"情景合一，自得妙悟"（《明诗评选》卷五），同时"只咏得现量分明，则以之怡神，以之寄怨，无所不可，方是摄兴观群怨于一炉，锤为风雅之合调"（《唐诗评选》卷三）。这里儒家、道家、佛家的审美感受尽在其中了。

再来看西方人的美感。西方美学一开始并不十分重视美感问题，在古希腊人看来，美感只是个人感受，而一种理论总是要揭示感受后面的原理和法则，一旦原理法则被揭示出来，那种感受也就得到了解释。但接下来他们就发现，美感也有不同的风格，并不只是简单的愉悦。柏拉图就把审美愉快理解成一种心醉神迷的"诗的迷狂"。而在亚里士多德那里，美感可以分为两种，一种是在欣赏悲剧音乐等时，在所谓"净化"作用中所感到的那种快感，它通过宣泄对剧中人物命运的同情和怜悯而达到的一种精神上的缓解和治疗，使观赏者恢复到适度的情感状态，具有道德上的教化作用；另一种是通过满足人类的模仿本能而产生的愉快，具有认识上的促进作用。在这里，亚里士多德的两种美感可以与儒家的独乐和众乐相比较，模仿的快感相当于"独乐"，净化的快感相当于"众乐"。只是这种独乐不是由于"可欲"，而是由于认识；这种众乐也不是由于独乐的扩大，而是由于对个人痛苦（"独苦"）的同情和共鸣。另外，柏拉图的"诗的迷狂"可与道家的"至乐"相比较，它们都有某种超越性；不同的是诗的迷狂是诗神附体的超越性，道家的至乐却是向自然的超越，一个是神魂颠倒，一个是淡然寂寞。

西方中世纪对人的美感的压抑是极为严酷的，否定了世俗的一切快乐。到了中世纪后期，在经院哲学家托马斯·阿奎那那里，世俗美感才以上帝为保证而在象征的形式下得到了恢复。这一返回到世俗的历程有点像禅宗的变俗为雅，如托马斯说："美的本质就在于只需要知道它和看到它，便可满足这种要求美的事物一被察觉即能予人以快感。"不需要抛弃尘世的美去寻求超越于万物之上的美感，美感只能是感性的，它就在自然界的万事万物中，因为"事物之所以美，是由于神住在它们里面"万物中都有神性，正如佛家讲万物中都有佛性，也正如庄子讲"道在屎溺"。但不同的是，托马斯的上帝虽然在万物中，但只是作为它们的"形式"，因而是人的理智所把握的对象，而美感是对这形式的一种认识，是"为理智服务的感官"，所以美感"只涉及认识功能感觉是一种对应，每种认识能力也都如此。认识须通过吸收，而所吸收进来的是形式。所以严格地说，美属于形式因的范畴"。反之，禅宗和道家都没有在对象中做形式和质料的区分，他们对佛或道的追求都是在质料中，要么通过"悟"，要么通过"忘"，那些质料完全可以不做任何改变，而是直接呈现（现量）或者直接遗忘（心斋），观赏者即可达到当下至乐。

西方近代认识论美学同样把美感视为一种认识，哈奇生还为美感这种认识设想了一种特殊的感官，即"第六感官""内感官"，或者叫"心眼"，而这种感官对于美的事物有一种专门的认识功能，即"鉴赏"。鉴赏的本义是味道、滋味，转义为鉴赏力、判断力，这不由得使人想起司空图的"辨于味而后可以言诗"。中西方都用味觉来表示审美感受，这与味觉在所有感官中是最为直接和内向有关，因为味觉直接进入到了人的身体（口舌和鼻腔），对人的内部器官起作用。经验论美学家借用味觉来表示鉴赏只是一种近似的类比，这一点和司空图是同样的，即味不是指通常的酸咸之味，而是更高级、更内在的精神性的品位；鉴赏当然也不是在谈饮食，而是谈精神性的内感官。但与司空图不同的是，经验派美学家的鉴赏是从认识论上来理解的一种"判断力",它服从于人的认知的理智;司空图的"味外之旨"是一种精神享受,一种禅悟的境界。

大陆理性派美学虽然在美和艺术的本质方面比经验派要规定得更加细致和明确,但在美感方面显然不是强项。他们从中世纪接收来的"美在(上帝的)完善"这一命题本来是没有感性的东西做根据的,但在近代返回世俗生活的大潮下,谈美而不谈美感显得太不合时宜了。于是沃尔夫提出了"美在凭感官所认识到的完善",而鲍姆加通觉得这毕竟尚未到位,于是将这一定义修改成"美是感性认识本身的完善",并首次给美学命名为Aesthetik,这个词在希腊语意义中就是"感性学"。但他并没有放弃理性派的基本立场,即理性认识高于感性认识,感性认识是模糊的、混乱的,最终要由理性认识来清理,来作总结。所以他在确立美学本身的独立领域的同时遇到了不可克服的困难,即对美的感性认识或者说美感如果要有独立意义的话,那么它对真理的认识就不应当只是模糊混乱的,而是另外有一种不同于逻辑理性的真理;但是如果真理只有一个,即理性的真理,那么感性认识就不可能也是认识,毋宁说它是对真理性的认识的干扰,是必须被排除的假象。为了调和这一矛盾,他想出了一种介于两者之间的准真理,即所谓的"逼真性",将它称为"审美的真实",以便为美感认识保留其合法的地盘。但这种办法并不能真正解决问题,美感仍然被视为一种低级的认识,它不过是为了最终提升到理性认识而临时架起的梯子。

康德的美学是理性派和经验派美学的综合,他克服了两派各自的诸多矛盾和不通透之处,成为西方美学史上的里程碑,最重要的贡献应该是为美感提供了一个比较说得过去的解释。但康德在写《纯粹理性批判》的时候,他还不承认美感具有与感性认识不同的独立价值。他在该书的"先验感性论"部分解释"感性论"的含义的一个注释中,就对鲍姆加通将这一术语用于"有关美的学问"表示了不满,认为该词严格的用法应该只限于感性认识,而美的学问是与情感有关的,比认识论低一个层次,属于心理学;感性认识是为科学知识提供材料的,因而是科学知识必不可少的,而美的学问则与科学知识无关,是人的一种特殊的心理现象。但在几年以后,他改变了看法,在其《判断力批判》中到处在"审美"的意义上使用aesthetisch。当然,他也知道,此感性非彼感性,Aesthetik在这里已不是探讨时间空间,如何为经验性材料提供先天直观形式的问题,而是探讨"鉴赏力"的问题，它虽然不等于认识论，但却是从知识到道德过渡的必要的桥梁。"鉴赏力"在德文中的原意与英文中的 taste 相同，就是"味道""味觉"的意思，并转意为鉴赏、评判的意思。康德采用这个词，很明显是受到英国经验派美学影响的缘故，也就是说，他的《判断力批判》是以美感为中心而展开的。在他看来，没有什么客观的美，美就是美感，但美感这种主观的愉快情感却是以类似于"客观"的形式出现的，是一种"主观普遍性"，一种先天的"共通感"，这是与一般的感官感觉不同的。为什么会这样？这就是康德《判断力批判》所要讨论的核心问题。康德认为，人有三种能力，即认识能力、意志能力和情感能力。出于理性派的立场，他认为每种能力都有其先天原则，认识能力的先天原则是先天的感性直观形式和先验逻辑；意志能力的先天原则是自由意志的自律；情感能力的先天原则就是共通感及其普遍传达。而这种普遍传达所引起的愉快就是美感，它虽然是感性的，但背后却是有先天原则支配的，因而是可分析的。与康德不同，黑格尔的美学主要是"艺术哲学"，对美的定义、艺术的内容与形式及艺术史的发展都有很好的分析和界定，唯独对美感不屑一顾。费尔巴哈虽然对美感做了极力的颂扬，从人本主义出发来看待美感，并以音乐为例得出了"感情的对象化就是对象化的感情"这一根本性的美感结构，但除了进行一些辞藻华丽的渲染之外，并未对这种结构进行更加深入的剖析。

现代西方美学对美感的研究有两种思路，一种是把美感归结于另外一种不同的东西的表现；一种是对美感本身做一种描述性的分析。前者如美感经验论的心理学分析和艺术社会学的社会心理分析；后者如实验美学、结构主义美学对美感的形式归纳和表现论美学对美感的内容阐发，特别是直觉主义者和移情学派对美感内在机制的描述。前一种思路在对美感加以"还原"时，实际上已经取消了美学本身的独立性，走向美学取消主义；后一种思路在胡塞尔现象学所提供的方法论基础上越来越显得是当代美学发展的唯一希望，它说明，美学作为一种感性学，一种对美感的研究，本质上无非是人学。美感是不可还原的，正如人是不可还原的一样。中国传统美学从来就不把美感还原为一种另外的东西，而是就美感谈美感，"咏得现量分明"（王夫之）。我们只能对美感进行一种品评、鉴赏、玩味，当我们对它做出各种分类时，不过是在尝试对各种不同的人生境界加以品味，以丰富我们的人生内涵。

结　论

　　由于形而上学美学研究方法和研究对象之间的矛盾，导致中华人民共和国成立以来的美学研究在美是什么和美感是什么的问题上似乎永远也说不清楚。将"审美"设计为核心范畴，将美学定义为"审美之学"也是一种理论创新，这个范畴的选择在学理上也十分通透，既可以化繁为简，又避免了"本质主义"之嫌，还能将美学建构的系统性提高一个层次，达到美学理论新的高度。如果以德国古典美学揭示的人类精神活动的"知、情、意"三方面之中的"情"为逻辑的起点和情感学美学的学理依据，然后将"审美"直接视为"审美情感"；将"审美的发生"看成是审美情感发生的主客体条件的驱动和发展过程；将"审美的类型"以情感是否"和谐"为标准分为"和谐的情感类型""不和谐的情感类型"和"反和谐的情感类型"三部分。以审美情感的金丝线串起许多老学问和新观点，繁而不乱，井然有序。像"文化积淀""审美命名""意志""感兴""回味"等概念，再加上例证的生动贴切，可谓新意迭出。以情感是否和谐对"审美的类型"的区分，也富有创意。以"反和谐的情感类型"将"荒诞"与"丑陋"这些最难归类的类型收入囊中，对罗丹的《欧米哀尔》、萨特的《恶心》等作品的分析，都入情入理，体现了美学研究的新高度。

　　对"审美"的三分式分论描述。老子说："三生万物。"将自然美、艺术美和社会美分开论述，与老子的思想暗合。自然美、社会美和艺术美的三分式布局，终于跳出黑格尔艺术哲学的窠臼，其学术上的创新性也是巨大的。美生存方式的讨论更显新意，它指出人在现实社会中是异化的，不自由。于是"审美和艺术变成了人生苦旅中的一个个驿站"，这是传统的精神慰藉方式；"日常生活审美化"是"后工业时代"的"精神消费"方式，它"表面上是自由的精神享受，实际上却成了被操纵的物质消费"，社会美因此被异化和贬损。而只有在马克思倡导的共产主义社会里，社会美才能达到它最高境界。一方面,人真正全面地占有了自己的本质,即实现对私有财产和自我异化的积极的扬弃,并在以往发展的全部财富的范围内实现合乎人性的复归;另一方面,社会上的阶级差别消除了,狭隘的社会分工解体了,由社会调节着整个生产,全社会的物质产品和精神产品都极大丰富,社会成员的一切活动都变成自由自觉的选择,劳动彻底成了人的第一需要和美的享受。

中国古代哲学还为美学提供了一个堪称宏伟的阐释模式,这便是《老子》第42章所提供的:"道生一,一生二,二生三,三生万物。万物负阴而抱阳,冲气以为和。"这既是道家的宇宙观和生成论,又是他们把握世界的总方法。与西方哲学相比,它体现了三大特征,具体如下。

一是它以一个"生"字贯穿始终,是以生命原理理解整个世界,所以新儒家诸公都将中国哲学界定为生命哲学,由于生命体验的真切性,这就决定了中国哲学美学的命题与结论,往往是真实的可靠的;由于这种可靠性,它的许多结论既可以检验西方形而上学美学结论的可靠性,又与西方生命哲学美学、直觉哲学美学和经验哲学美学具有对接性,可以将中西这方面的哲学美学成果熔为一炉,化作未来美学新形态的重要元素。

二是虽说它以生命体验、审美体验为基础,却不愿让认识停留在感性直观的阶段,而以理性把握世界为追求,以"目击道存"为最终目标,所以又具有形而下、形而上汇通的特征,这就为中西形而下美学与形而上美学的融合提供了可能。

三是具有层次性、系统性的综合特征,有着特别广泛的包容性和超越性。在老子看来,世界和万物都是一种层次性的存在,因而任何事物都可以在一元、二元、三元即多元的层次和意义上去把握它的本质。这样,事物的本质按照老子的阐释模式就成了一个观念系统,并且每个层次之间是相"生"的,并不矛盾的,谁也不否定谁的存在。比较而言,西方先哲在这方面都远远不如老子对世界把握得这样全面而精到。康德只看到了快感的层次性,而对于世界的把握尚处在不自觉的一元论状态。黑格尔虽然已经看到对世界的把握有一元论、二元论和三元论的不同,却没有发现它们之间的相生性,他对艺术的把握不自觉地已经涉及三元,但在做哲学的思考时,又不自觉地回到一元的立场。德里达作为后学,在对事物和世界的层次性问题上的认识更是愧对前贤的,他几乎没有意识到事物的层次性;对二元采取简单的排斥态度,极力反对所谓"二元对立思维",并且企图以事物的多样性冒充事物的多元性,解构事物的一元性,将人类在不同层次上对世界和事物本质性认识看成是对立的、水火难容的关系,显露了西方人机械性思维、极端性思维的根病。

然而,有了老子所创立的这个宏伟的阐释模式,情况就不同了。比如,辩证唯物主义和历史唯物主义便可以在一元论意义上得到坚守,同样,人类对于美、对于文学艺术的一元性、真理性认识也可以在这个层次上得到肯定;现代哲学中的"一分为二"与"合二为一"便可以在二元的层次上得到吸纳,同样,美学与文学艺术中的二元对立性范畴也可以在这个意义上得到继承;而在"三"的层次上,它既是"二生三"的必然结果,又具有"三生万物"的多样性品格,同时是对"万物"的感性形态的初步概括,"三"也就代表着"多",统辖着"多"。因此,这里的三元论也就是多元论,属于事物本质的初级形态。这样,德里达观念中多元论的合理因素便有可能被吸纳进来,西方传统哲学中三元论的合理性也在中国哲学中得到印证。同时,哲学上的三元观必然在美学中得到反映,美也必然是三元的。这种西方美学尚未觉悟的美学现象,却被中国古代先哲揭示出来,如孟子、庄子、朱熹等揭示了哲理美的存在;《淮南子》《诗大序》及陆机、刘勰揭示了情感美的存在;孟子、班固、刘知几、杜甫、白居易、孟棨、邵雍、黄宗羲等揭示了历史的真实美的存在。

更重要的是,老子提供的阐释框架,为中西美学的融合、形而上美学与形而下美学的兼顾、一元论与多元论的汇通等提供了可能,并且老子与列宁的哲学理想惊人的一致。列宁曾在《哲学笔记》中写道:"人的思想由现象到本质,由所谓初级本质到二级本质,这样不断地加深下去,以至于无穷。"在老子提供的这个阐释模式中,事物的本质和美的本质不再是"真理只有一个",而是呈现为一个由初级、中级再到高级的观念系统。这种与列宁真理观念的一致性是不可等闲视之的。列宁又说:"真理只有在它们的总和中以及在它们的关系中才会实现。"老子提供的这个阐释模式,既顾及了真理的层次性,又关注了它们之间的关系,完全实现了列宁的哲学理想,看来老子这个阐释模式与马克思主义哲学有着深度的相容性。总之。老子所提供的这个阐释模式,有着一种海纳百川的高度和气度,为我们在美学领域实现理论创新打下了坚实的哲学基础,并增强了我们的理论自信力。

中国学人先应将自己的美学遗产利用起来,让中华古代哲学美学的智慧元素充分参与现代美学的建构,与西方美学思想进行对话与沟通,在比较、互证中取舍融合,从而为建构起未来人类美学的新形式,交出中国式的答卷。这可能是德里达寄希望于中国的,也是中国学人最有条件贡献于世界的。

参考文献

[1] 张岂之. 中国思想学说史（先秦卷上）[M]. 桂林：广西师范大学出版社，2007.

[2] 李泽厚. 中国古代思想史论[M]. 天津：天津社会科学院出版社，2003.

[3] 闻一多. 闻一多全集：第9卷[M]. 武汉：湖北人民出版社，1993.

[4] 陈鼓应. 老庄新论[M]. 上海：上海古籍出版社，1992.

[5] 韦政通. 中国思想史（上）[M]. 上海：上海书店出版社，2003.

[6] 韦政通. 中国哲学辞典大全[M]. 北京：世界图书出版公司，1989.

[7] 郭象注，成玄英疏. 南华真经注疏[M]. 北京：中华书局，1998.

[8] ［美］爱莲心. 向往心灵转化的庄子[M]. 周炽成，译. 南京：江苏人民出版社，2004.

[9] 陈鼓应. 庄子今注今译（最新修订版）[M]. 北京：商务印书馆，2007.

[10] 范曾. 老庄心解[M]. 上海：华东师范大学出版社，2005.

[11] 陈鼓应，白奚. 老子评传[M]. 南京：南京大学出版社，2001.

[12] 周韶华. 艺海纵横[M]. 武汉：湖北美术出版社，1991.

[13] 李尔重. 艺术的辩证法[M]. 广州：广州文化出版社，1989.

[14] 杨身源，张弘昕. 西方画论辑要[M]. 南京：江苏美术出版社，2006.

[15] 周积寅. 中国画论既要[M]. 南京：江苏美术出版社，1985.

[16] 王菊生. 造型艺术原理[M]. 哈尔滨：黑龙江美术出版社，2000.

[17] 王宏建，袁宝林. 美术概论[M]. 北京：高等教育出版社，2005.

[18] 宗白华. 美学散步[M]. 上海：上海人民出版社，2003.

[19] 李尔重. 艺术的辩证法[M]. 广州：广州文化出版社，1989.

[20] 李泽厚. 美的历程[M]. 天津：天津社会科学院出版社，2002.

[21] 宗白华. 美学散步[M]. 上海：上海人民出版社，2004.

[22] 宋明信. 中国古典书法理论[M]. 厦门：厦门大学出版社，2005.

[23] 蒋勋.美的沉思[M].杭州：雄狮图书股份有限公司，2006.

[24] ［英］克莱夫·贝尔.艺术[M].马钟元，周金环，译.北京：中国文联出版公司，1984.

[25] ［奥地利］西格蒙德·弗洛伊德.自我与本我[M].林尘，张唤民，陈伟奇，译.上海：上海译文出版社，2011.

[26] 钱锺书.管锥编：第4册[M].北京：中华书局，1981.

[27] ［南朝宋］刘义庆.［梁］刘孝彪注世说新语[M].北京：中华书局，1954.

[28] 张涵，史鸿文.中华美学史[M].北京：西苑出版社，1995.

[29] 郭绍虞.宋诗话辑佚[M].北京：中华书局，1987.

[30] ［希腊］亚里士多德.形而上学[M].吴寿彭，译.北京：商务印书馆，1959.

[31] ［希腊］亚里士多德.诗学[M].罗念生，译.北京：人民文学出版社，1962.

[32] Bosanquet, Bernard. A History of Aesthetic[M]. London： Routledge，2002.

[33] Cahn, Steven M., Aaron Meskin, eds. Aesthetics： A Comprehensive Anthology[M].Oxford： Blackwell Publishing Ltd，2008.

[34] Croce, Benedetto. Guide to Aesthetics. Trans. Patrick Romanell[M]. Indianapolis： Hackett Publishing Company，Inc. 1995.

[35] ［美］吉尔伯特，［德］库恩.美学史：下卷[M].夏乾丰，译.上海：上海译文出版社，1989.

[36] 郭绍虞.中国历代文论选：第一册、第二册[M].上海：上海古籍出版社，1979.

[37] 洪子诚.中国当代文学史·史料选：上册[M].武汉：长江文艺出版社，2002.

[38] 纪怀民，陆贵山，等.马克思主义文艺论著选讲[M].北京：中国人民大学出版社，1982.

[39] ［德］康德.判断力批判：上卷[M].宗白华，译.北京：商务印书馆，1964.

[40] 李泽厚.美学三书[M].北京：商务印书馆，2007.

[41] 缪朗山.西方文艺理论史纲[M].北京：中国人民大学出版社，1985.

[42] ［美］厄尔·迈纳.比较诗学[M].王宇根，宋伟杰，等，译.北京：中央编译出版社，1998.

[43] 祁志祥.中国古代文学理论[M].太原：山西教育出版社，2008.

[44] 钱林森，汪介之.跨世纪的文学对话：江苏省比较文学学会成立25周年纪念文集[C].南京：译林出版社，2011.

[45] 汤用彤. 汤用彤学术论文集 [M]. 北京：中华书局，1983.

[46] Wartenberg, Thomas. E., ed. The Nature of Art：An Anthology[M]. Beijing：Peking University Press，2002.

[47] 阎国忠. 朱光潜美学思想研究 [M]. 沈阳：辽宁人民出版社，1987.

[48] 叶朗. 中国美学史大纲 [M]. 上海：上海人民出版社，1985.

[49] 张大明，陈学超，等. 中国现代文学思潮史：下册 [M]. 北京：北京十月文艺出版社，1995 年。

[50] 周来祥. 论中国古典美学 [M]. 济南：齐鲁书社,1987.

[51] 朱光潜. 西方美学史：下卷 [M]. 北京：人民文学出版社，1964.

[52] 朱光潜. 西方美学史：上卷 [M]. 北京：人民文学出版社，1979.

[53] 朱光潜. 悲剧心理学 [M]. 张隆溪，译. 合肥：安徽教育出版社，1996.

[54] 朱光潜. 诗论 [M]. 合肥：安徽教育出版社，1997.

[55] 朱良志. 中国美学名著导读 [M]. 北京：北京大学出版社，2004.

[56] [法] 柏格森. 形而上学导言 [M]. 刘放桐，译. 北京：商务印书馆，1963.

[57] [德] 伽达默尔. 真理与方法：上卷 [M]. 洪汉鼎，译. 上海：上海译文出版社，1999.

[58] [英] 休谟. 人性论 [M]. 关文运，译. 北京：商务印书馆，1981.

[59] [德] 海德格尔. 存在与时间 [M]. 陈嘉映，王庆节，译. 北京：生活·读书·新知三联书店，1987.

[60] [德] 海德格尔. 荷尔德林的大地与天空 [M]. 孙周兴，译. 北京：商务印书馆，2000.

[61] [德] 马丁·布伯. 我与你 [M]. 陈维纲，译. 北京：生活·读书·新知三联书店，1986.

[62] 宗白华. 看了罗丹雕刻以后 [M]// 宗白华全集：第 1 卷. 合肥：安徽教育出版社，1996.

[63] 宗白华. 中国艺术的写实精神 [M]. 宗白华全集：第 2 卷. 合肥：安徽教育出版社，1996.

[64] [德] 狄尔泰. 对他人以及他人生命表达的理解 [M]. 洪汉鼎，译. 北京：东方出版社，2001.

[65] [德] 伽达默尔，德里达. 德法之争伽达默尔与德里达的对话 [M]. 孙周兴，孙善春，译. 上海：同济大学出版社，2004.

[66] [德]施太格缪勒.当代哲学主流：上卷[M].王炳文，王路，燕宏远，译.北京：商务印书馆，1986.

[67] [美]弗莱德·R.多尔迈.主体性的黄昏：前言[M].万俊人，译.上海：上海人民出版社，1992.

[68] [德]哈贝马斯.认识与兴趣[M].郭官义，李黎，等，译.上海：学林出版社，1999.

[69] [德]哈贝马斯.认识与旨趣[M].洪汉鼎，傅永军，等，译.北京：东方出版社，2001.

[70] [法]莫里斯·梅洛-庞蒂.知觉现象学[M].姜志辉，译.北京：商务印书馆，2001.

[71] [西班牙]桑塔耶纳.美感[M].缪灵珠，译.北京：中国社会科学出版社，1982.

[72] 杜小真，张宁.德里达中国讲演录[M].北京：中央编译出版社，2003.

[73] 冯友兰.中国哲学简史[M].北京：北京大学出版社，1996.

[74] 蒋孔阳，朱立元.美学原理[M].上海：华东师范大学出版社，1999.

[75] 叶至善.朱光潜全集（第13卷）[M].合肥：安徽教育出版社，1990.

[76] 蒋孔阳.蒋孔阳全集（第五卷）[M].合肥：安徽教育出版社，2005.

[77] 宗白华.宗白华全集[M].合肥：安徽教育出版社，1994.

[78] 顾祖钊.中西文艺理论融合的尝试[M].北京：人民文学出版社，2005.

[79] 任继愈.老子新译[M].上海：上海古籍出版社，1985.

[80] 列宁.哲学笔记[M].北京：人民出版社，1956.

[81] [德]康德.历史理性批判文集[M].何兆武，译.北京：商务印书馆，1990.

[82] 中共中央马、恩、列、斯著作编译局.马克思恩格斯选集：第三卷[M].北京：人民出版社，1972.

[83] [美]斯塔夫里阿诺斯.全球通史：1500年以后的世界[M].吴象婴，梁赤民，译.上海：上海社会科学院出版社，1999

[84] [英]罗素.西方哲学史：下卷[M].马元德，译.北京：商务印书馆，1982.

[85] [美]威尔·杜兰.世界文明史·理性开始时代：上[M].北京：东方出版社，1999.

[86] [美]露丝·本尼迪克.文化模式[M].何锡，黄欢，译.北京：华夏出版社，1987.

[87] 陈伟.中国现代美学思想史纲[M].上海：上海人民出版社，1993.

[88] [美]霍埃.批评的循环[M].兰金仁，译.沈阳：辽宁人民出版社，1987.

[89] 胡经之.中国现代美学丛编[M].北京：北京大学出版社，1987.

[90] 卢善庆.中国近代美学思想史[M].上海：华东师范大学出版社，1991.

[91] [美]列维，史密斯.艺术教育：批评的必要性[M].王柯平，译.成都：四川人民出版社，1998.

[92] 聂振斌.中国近代美学思想史[M].北京：中国社会科学出版社，1991.

[93] 滕守尧.文化的边缘[M].北京：作家出版社，1997.